Magnus Dürer

Rechtsfragen bei der tatsächlichen Durchführung des Gewinnabführungsvertrags

unter besonderer Berücksichtigung der aktuellen BFH-Rechtsprechung zur Organschaft

Schriften zum Steuerrecht

Band 15

LIT

Magnus Dürer

Rechtsfragen bei der tatsächlichen Durchführung des Gewinnabführungsvertrags

unter besonderer Berücksichtigung der aktuellen BFH-Rechtsprechung zur Organschaft

LIT

∞

Gedruckt auf alterungsbeständigem Werkdruckpapier entsprechend
ANSI Z3948 DIN ISO 9706

Bibliografische Information der Deutschen Nationalbibliothek
Die Deutsche Nationalbibliothek verzeichnet diese Publikation in der Deutschen Nationalbibliografie; detaillierte bibliografische Daten sind im Internet über https://dnb.dnb.de abrufbar.

ISBN 978-3-643-15547-4 (br.)
ISBN 978-3-643-35547-8 (PDF)

Verlagskontakt:
Fresnostr. 2 D-48159 Münster
Tel. +49 (0) 2 51-62 03 20
E-Mail: lit@lit-verlag.de https://www.lit-verlag.de

Auslieferung:
Deutschland: LIT Verlag, Fresnostr. 2, D-48159 Münster
Tel. +49 (0) 2 51-620 32 22, E-Mail: vertrieb@lit-verlag.de

Vorwort

Die vorliegende Arbeit wurde im Wintersemester 2023/2024 im Rahmen der juristischen Universitätsprüfung als Seminararbeit im Schwerpunkt Steuerrecht an der Friedrich-Alexander-Universität Erlangen-Nürnberg angefertigt. Rechtsprechung und Literatur sind bis November 2023 berücksichtigt.

Mein besonderer Dank gilt Herrn Professor Dr. Michael Fischer für die Begutachtung sowie Herrn Christian Ehlermann für seine anregenden Hinweise und die besondere Förderung meiner fachlichen Interessen.

Nürnberg, im Februar 2024

Magnus Dürer

Inhaltsverzeichnis

A. Einführung ... 3
   I. Die steuerliche Organschaft ... 3
   II. Auslegungsfragen um § 14 KStG ... 4
   III. Gegenstand der Untersuchung ... 6

B. Rechtsfragen bei der tatsächlichen Durchführung des Gewinnabführungsvertrags ... 7
   I. Bilanzielle Ermittlung des Gewinns ... 7
      1. Bilanzierungsfehler dem Grunde nach ... 8
      2. Fiktion der tatsächlichen Durchführung ... 10
      3. Verhältnis zur Rückwärtsberichtigung der Handelsbilanz ... 11
      4. Maßstäbe zur bilanziellen Ermittlung des Gewinns ... 12
   II. Verbuchung der Ergebnisabführung ... 14
      1. Auffassung der Rechtsprechung (Az. I R 37/19) ... 14
      2. Stellungnahme ... 15
      3. Maßstäbe für die Verbuchung der Ergebnisabführung ... 18
   III. Vollzug des Gewinnabführungsvertrages ... 19
      1. Abführung des ganzen Gewinns ... 19
      2. Erfüllung ... 24
      3. Maßstäbe für Vollzug des Gewinnabführungsvertrags ... 30
   IV. Geltungsbereich ... 31
      1. Innerhalb der Mindestvertragslaufzeit ... 31
      2. Außerhalb der Mindestvertragslaufzeit ... 34
   V. Allgemeine Maßstäbe für die tatsächliche Durchführung des Gewinnabführungsvertrags nach § 14 Abs. 1 KStG ... 35

C. Ausblick ... 36

Quellen- und Literaturverzeichnis ... IX

Umfrage unter den Mitgliedern der IFSt-Arbeitsgruppe v. 2011 ... XXII

A. Einführung

Konträr zum vorherrschenden Grundsatz der ertragsteuerlichen Individualbesteuerung[1] können rechtlich eigenständige Gesellschaften durch das Rechtsinstitut der steuerlichen Organschaft zu einer Besteuerungseinheit zusammengefasst werden[2].

I. Die steuerliche Organschaft

Für Zwecke der Körperschaftsteuer werden die Einkünfte der untergeordneten Tochtergesellschaft (Organgesellschaft) der beherrschenden Obergesellschaft (Organträger) zugerechnet. Die Organgesellschaft bleibt zwar Steuersubjekt, die Besteuerung des erwirtschafteten Einkommens erfolgt jedoch konsolidierend auf Ebene des Organträgers[3].

Innerhalb von Konzernstrukturen ermöglicht die Organschaft als steuerliches Gestaltungsinstrument unter anderem die Verrechnung von Gewinnen und Verlusten unterschiedlicher Tochtergesellschaften[4] und senkt die effektive Konzernsteuerquote (*ETR*)[5].Die Anerkennung der Organschaft ist in §§ 14, 17 KStG an vier Voraussetzungen geknüpft: Es bedarf (mindestens) einer Organgesellschaft, eines Organträgers, der finanziellen Eingliederung und eines Gewinnabführungsvertrags (§ 14 Abs. 1 KStG[6]). Durch den Gewinnabführungsvertrag (§ 291 Abs. 1 AktG) verpflichtet sich die Organgesellschaft, ihren gesamten Gewinn an den Organträger abzuführen. Als Gegenleistung übernimmt der Organträger im Verlustfall den Jahresfehlbetrag.

---

1 BFH, Urt. v. 03.03.2019 – I R 68/09, DStR 2010, 858. Der BFH spricht in diesem Zusammenhang von einem „strikten“ oder „prinzipiellen **Steuersubjektprinzip**“ und schlussfolgert daraus die Grundentscheidung des Gesetzgebers gegen eine steuer-Subjektübersteigende Konzern- oder Gruppenbesteuerung. Vgl. ferner: *Blumenberg/Hundeshagen*, in: *Prinz/Witt*, Rn.8.1; *Krebs*, BB 2001, 2029.

2 *Zieglmeier/Heyd*, StuB-Beilage 2009, 2.

3 *Rode*, in: *Brandis/Heuermann*, § 14 KStG Rn. 1 – 2.

4 Zur Reichweite der Verlustkonsolidierung, vgl. *Hey*, GmbHR 2006, 113 (121).

5 Weitere: Keine effektive Doppelbesteuerung der Gewinne / Kein Betriebsausgaben-Abzugsverbot (§ 8b Abs. 5 KStG „*Kaskadeneffekt*“) / Keine Kapitalertragsteuer / Keine Anwendung der Zinsschranke (§ 15 S. 1 Nr. 3 KStG) / Kein Verstoß gegen Kapital-Erhaltungsregeln bei Cash-Pool-Zahlungen (§ 30 Abs. 1 S. 2 GmbHG u. § 57 Abs. 1 S. 3 AktG). Vgl. ferner: *Walter*, in: *Bott/Walter*, § 14 KStG Rn. 10 – 14; zur Organschafts-Erklärung als bankrechtliche Kreditsicherheit, vgl. *Gerth*, AG 1984, 94 f.

6 Für etwaige Abkürzungen wird auf *Kirchner* verwiesen.

Der handelsrechtliche Unternehmensvertrag bildet die Kernvoraussetzung der ertragsteuerlichen Organschaft[7] und zugleich die größte Gefahr für deren Unwirksamkeit[8]. Denn während alle anderen Voraussetzungen in der steuerlichen Praxis durch die verbindliche Auskunft (§ 89 Abs. 2 S. 1 AO)[9] rechtssicher festgestellt werden können, ist der Gewinnabführungsvertrag neben den zivilrechtlichen Anforderungen[10] an die „tatsächliche Durchführung während der gesamten Geltungsdauer" geknüpft (§ 14 Abs. 1 S. 1 Nr. 3 KStG).

II. Auslegungsfragen um § 14 KStG

Trotz der langen Historie[11] lässt der Gesetzeswortlaut des § 14 KStG bis heute offen, was unter dem Begriff der tatsächlichen Durchführung zu verstehen ist und welche Handlungen oder Umstände als Nicht-Durchführung anzusehen sind.

Daher ist der abstrakte Begriff der tatsächlichen Durchführung seit vielen Jahrzehnten geprägt von finanzgerichtliche Einzelentscheidungen. Dies schafft Raum für eine Vielzahl von Zweifelsfragen, die bis heute nur begrenzt durch Rechtsprechung und Literatur ausgeräumt werden konnten[12].

Interpretiert der Steuerpflichtige die Bedeutung der tatsächlichen Durchführung fehl, sind die steuerlichen Folgen gravierend: Die Bildung des Organkreises gilt als nicht zustande gekommen. Die Organgesellschaft ist für das betreffende Wirtschaftsjahr nach allgemeinen steuerlichen Grundsätzen selbst zur Körperschaftsteuer zu veranlagen. Es erfolgt keine Gewinn- und Verlustverrechnung. Gewinnabführungen an den Organträger sind als verdeckte Gewinnausschüttungen zu qualifizieren und

---

7 Die Organschaft nach GewStG und UStG bleibt außer Acht.

8 *Schneider/Hinz*, Ubg 2009, 738.

9 *Rätke*, in: *Klein*, § 89 AO, Rn. 19.

10 Vgl. hierzu: *Schneider/Hinz*, Ubg 2009, 738.

11 Der Grundsatz der tatsächlichen Durchführung ist seit der erstmaligen gesetzlichen Normierung der Organschaft in § 7a KStG 1969 (BGBl. I, 1969, S. 1869) verankert. Die Gesetzesbegründung spricht in diesem Zusammenhang nur davon, dass das Erfordernis der tatsächlichen Durchführung der Ansicht in der Rechtsprechung entspreche. Vgl. BT-Drucks. V/3017, S. 8. Vgl. ferner: *Jurkat*, Rn. 132 ff.; *Rose*, StbJb. 1967/68, 211 (258).

12 Vgl. nur: *Zieglmeier/Heyd*, StuB-Beilage 2009, 2.

die Zinsschranke findet Anwendung[13]. Innerhalb der fünfjährigen Mindestvertragslaufzeit führt die Nichtdurchführung darüber hinaus zur Aberkennung der gesamten Organschaft[14]. Schon seit Anfang der 2000er Jahre wird deshalb eine gesetzliche Klarstellung der Organschafts-Voraussetzungen gefordert[15].

Im Jahr 2011 stellte eine Arbeitsgruppe des Instituts Finanzen und Steuern e.V. unter der Leitung von *Johanna Hey* hierzu einen umfangreichen Reformvorschlag vor, der insbesondere die Planungsrisiken aufgrund „verunglückter Organschaften" reduzieren sollte[16]. Trotz des hohen fachlichen Anspruchs und der Expertise aus Wissenschaft, Finanzverwaltung und Beratungspraxis konnte sich die damalige Koalition aus CDU/CSU und FDP nicht auf eine weitreichende Reform einigen[17]. Stattdessen beschlossen die Koalitionsparteien die „kleine Organschaftsreform"[18], die zwar ein Konvolut punktuell veränderter, ertragsteuerlicher Organschaftsregelungen enthielt, die meisten der Zweifelsfragen um die Auslegung des Gesetzeswortlauts aber nicht zu beantworten vermochte[19].

Die notwendige gesetzliche Klarstellung bleibt unterdessen bis heute aus[20].

---

13 *Tappen/Riegel*, SteuK 2010, 331 (332).

14 Rückwirkendes Ereignis i.S.d. § 175 Abs. 1 S. 1 Nr. 2 AO, vgl. *Herbener*, in: *Prinz/Witt*, Rn. 18.5; R 14.5 Abs. 8 KStR; *Ebber*, in: *Micker/Pohl*, BeckOK, § 14 KStG, Rn. 477.

15 Vgl. nur: *Grotherr*, StuW 1995, 124; *Borggräfe*, WPg 1995, 129 (136 f.); *Krehbühl*, StbJb. 2001/02, 21 (23); *Herzig*, DStJG 28 (2005), 185 (191 ff.); *Klarmann*, IFSt-Schrift Nr. 440 (2006), S. 90 f.

16 „Einführung einer modernen Gruppenbesteuerung - Ein Reformvorschlag". Vgl. *Hey et al.*, IFSt-Schriften 2011, Nr. 471, S. 10, 38.

17 BMF-Bericht der Facharbeitsgruppe „*Verlustverrechnung und Gruppenbesteuerung*" v. 15.09.2011 sah „*erhebliche Fiskalgefahren*". Vgl. auch Plenarprotokoll 17/201 zum Bericht des Finanzausschusses zum Entwurf des UntStRÄndG (BT-Drucks. 17/10774, 17/11180) Rn. 24373 D.

18 UntStRÄndG v. 20.02.2013, BGBl. I S. 285 (Nr. 9).

19 *Korn*, SteuK 2013, 111 (115); *Olbig*, GmbH-StB 2013, S. 154 (158); *Dötsch/Pung*, DB 2013, 305 (314); *Goebel/Ungemach*, NWB 2013, 595 (605); *Gründig/Schmid*, DStR 2013, 617 (623); *Keller*, DStZ 2013, 60 (64); *Lenz/Adrian/Handwerker*, BB 2012, 2851 (2859); *Mayer/Wiese*, DStR 2013, 629 (633); *Oesterwinter*, DStZ 2012, 867 (870); *Paintner*, DStR 2013, 217 (224); *Scheipers/Linn*, IStR 2013, 139 (143); *Schneider/Sommer*, GmbHR 2013, 22 (31); *Schneider/Schmitz*, GmbHR 2013, 281 (289); *Schwenke*, ISR 2013, 41 (46).

20 Hier ungeachtet der internationalen Perspektive des **CCCTB-Projekts** (Vorschlag der Europäischen Kommission für eine gemeinsame KSt-Bemessungsgrundlage, COM 2016/0337) und **Pillar 2**.

III. Gegenstand der Untersuchung

Der Autor nimmt dies zum Anlass, bestehende Rechtsfragen um das Erfordernis der tatsächlichen Durchführung des Gewinnabführungsvertrags im Kontext der aktuellen Entwicklungen in Rechtsprechung und Literatur[21] einzuordnen[22]. Die jüngste Rechtsprechung des BFH findet aufgrund der aktuellen Relevanz besondere Berücksichtigung[23].

Die thematische Gliederung folgt der chronologischen Abfolge einer Gewinnabführung in der Unternehmenspraxis. Diese teilt sich in die bilanzielle Ermittlung des Jahresergebnisses auf Ebene der Organgesellschaft, die Verbuchung der Ergebnisabführung gegenüber dem Organträger und die zeitlich nahgelagerte Erfüllung der entstandenen Verbindlichkeiten. Zudem kann sich die Rechtsfolge der Nichtdurchführung wegen der gesetzlichen Mindestvertragslaufzeit abhängig von der Dauer des Abführungsvertrags unterschiedlich auswirken.

In jedem Schritt werden die bestehenden Zweifelsfragen um den Themenkomplex eingeordnet, erörtert und anhand dessen allgemeine Maßstäbe für die bestehenden Problemfelder formuliert.

---

21 Literatur und Rechtsprechung insb. die anhängigen Revisionsverfahren zum vorliegenden Themenkomplex sind nach Sachstand November 2023 berücksichtigt.

22 Die Gewichtung der einzelnen Rechtsfragen erfolgt entsprechend des Umfangs, in dem diese in Literatur und Rechtsprechung diskutiert werden. Kleinere Problemfelder und Mindermeinungen sind in den **Fußnoten** hervorgehoben berücksichtigt.

23 BFH, Urteile v. 02.11.2022 in Sachen **I R 29/19** und **I R 37/19**.

B. Rechtsfragen bei der tatsächlichen Durchführung des Gewinnabführungsvertrags

Durch den Grundsatz der tatsächlichen Durchführung knüpft das Gesetz an den zivilrechtlichen Gewinnabführungsvertrag an und stellt für die steuerliche Einkommenszurechnung auf das tatsächliche Verhalten bei der Vertragsdurchführung ab.

Die tatsächliche Durchführung des Gewinnabführungsvertrags beschränkt sich aber nicht auf den „Schlusspunkt" des Ausgleichs aller aus dem Vertrag resultierenden Forderungen und Verbindlichkeiten[24]. Vielmehr muss die Organgesellschaft ihren im Wirtschaftsjahr erzielten Gewinn oder Verlust korrekt bilanziell ermitteln, die Forderung oder Verbindlichkeit gegenüber dem Organträger verbuchen und diese vollständig und rechtzeitig durch Zahlung oder Verrechnung an den Organträger abführen.

I. Bilanzielle Ermittlung des Gewinns

Die jährliche Ermittlung des Gewinns erfolgt nach den handelsrechtlichen Bilanzierungsvorschriften in einer Vorbilanz zum Jahresabschluss.

Vorjährige Verlustvorträge mindern den an den Organträger abzuführenden Gewinn. Vororganschaftliche Gewinnvorträge und freie Kapitalrücklagen dürfen demgegenüber nicht abgeführt werden[25]. Werden hierbei Formvorschriften des Gewinnabführungsvertrags verletzt, ist dies für die tatsächliche Durchführung unschädlich, soweit der Vertrag zivilrechtlich wirksam bleibt[26]. Bei der Bilanzierung knüpft die tatsächliche Durchführung des Gewinnabführungsvertrags an das handelsrechtliche Jahresergebnis an, das bei zutreffender Anwendung der handelsrechtlichen Bilanzierungsgrundsätze in einem endgültigen Jahresabschluss auszuweisen ist[27].

---

[24] BFH, Urt. v. 02.11.2022 – I R 37/19, DStR 2023, 268.

[25] Stattdessen dürfen die Gewinnrücklagen nach den für die Gewinnverteilung vor der Organschaft geltenden Regeln an die Anteilseigner ausgekehrt werden. Vgl. hierzu: KStR 14.5 IV 4; *Olbig*, in: *Streck*, § 14 KStG, Rn. 131; *Ebber*, in: *Micker/Pohl*, BeckOK, § 14 KStG, Rn. 463 ff. Vgl. zur Behandlung des **KSt-Guthaben**s der Organgesellschaft: OFD Hannover, Schr. v. 05.11.2008, DB 2009, 483.

[26] *Olbing*, in: *Streck*, § 14 KStG, Rn. 134.

[27] BFH, Urt. v. 05.04.1995 – I R 156/93, GmbHR 2020, 340; BFH, Urt. v. 21.10.2010 – IV R 21/07, GmbHR 2011, 40 m. Anm. *Walter*; *Herkens*, in: *Lippross/Seibel*, § 14 KStG, Rn. 111.

1. Bilanzierungsfehler dem Grunde nach

Weicht die Abführung an den Organträger wegen dem fehlerhaften Ansatz von Bilanzpositionen von dieser fiktiven Größe ab, kann dies die tatsächliche Durchführung des Gewinnabführungsvertrags in Frage stellen[28].

a) Auffassung der Rechtsprechung

Nach ständiger Rechtsprechung des BFH führen Bilanzierungsfehler stets zur Aberkennung der tatsächlichen Durchführung, wenn diese für steuerliche Zwecke beachtlich sind. Die Beachtlichkeit richtet sich nach den Vorschriften des HGB und so auch nach den Grundsätzen der ordnungsgemäßen Buchführung[29].

Die Vorbilanz leidet demzufolge unter einem schädlichen Bilanzierungsfehler, wenn ein Bilanzansatz objektiv gegen einschlägige gesetzliche Vorschriften[30] verstößt und ein ordentlicher Kaufmann diesen Verstoß nach den im Zeitpunkt der Bilanzerstellung bestehenden Erkenntnismöglichkeiten bei pflichtgemäßer Prüfung erkennen konnte[31]. Eine solche Grundannahme weist erkennbare Züge des subjektiven Fehlerbegriffs auf, der nach herrschender Meinung für die Beurteilung der Fehlerhaftigkeit einer Handelsbilanz heranzuziehen ist und ganz überwiegend auch als ein Grundsatz der ordnungsgemäßen Buchführung eingestuft wird[32].

Die Aufgabe des subjektiven Fehlerbegriffs zur Beurteilung von steuerlichen Rechtsfragen durch Beschluss des Großen Senats des BFH[33] hat in diesem Zusammenhang keine Bedeutung, da es nach einhelliger Auffassung den Anforderungen des § 14 Abs. 1 S. 1 Nr. 3 S. 1 KStG genügt, wenn Handelsrecht befolgt wird[34].

---

28 *Rode*, in: *Brandis/Heuermann*, § 14 KStG Rn. 147; zu Abweichungen wegen zu hoher steuerlicher **Reservenbildung**, vgl. *Dötsch*, DK 2012, 104.

29 Vgl. nur: BFH, Urt. v. 21.10.2010 - IV R 21/07, FR 2011, 322.

30 Einschließlich GoB und IFRS/IAS.

31 Vgl. nur: *Knobbe*, S. 85 ff m.w.N.

32 *IDW*, IDW-FN 5/2007, 265, Rn. 14; *Jacobs*, in: *Böcking et al.*, Beck HdR, B 102 Rz. 8 f.; *Rödder*, Ubg 2012, 717 (719); *Kolbe*, in: *Herrmann/Heuer/Raupach*, § 14 KStG, Rn. 204; *Jesse*, FR 2013, 681 (682).

33 BFH, Urt. v. 31.01.2013 - GrS 1/10, BStBl. II 2013, 317, FR 2013, 699.

34 *Dötsch/Pung*, DB 2013, 305 (314); *Prinz*, WPg 2013, 650 (655); *Rödder/Liekenbrock*, in: *Rödder/Herlinghaus/Neumann*, § 14 KStG, Rn. 324.

b) Auffassung der Literatur

Teile der Literatur[35] fordern darüberhinausgehend, dass nicht jeder Bilanzierungsfehler zu einer Nichtdurchführung des Gewinnabführungsvertrages führen soll[36]. Vielmehr sei aus Gründen der Verhältnismäßigkeit weiter von einer Vertragsdurchführung auszugehen, solange der Bilanzierungsfehler nicht eine Pflicht zur Neuaufstellung oder eine rückwärtsgerichtete Berichtigung der Handelsbilanz auslöse[37].

c) Auffassung der Finanzverwaltung

Die Finanzverwaltung legt demgegenüber strengere Maßstäbe an. Ein allgemeines Wesentlichkeitsprinzip – wie in der Literatur gefordert – lehnt sie ab[38]. Für die Frage, ob ein Bilanzierungsfehler vorliegt, komme es nur auf die objektive Betrachtung an. Ein fehlerhafter Bilanzansatz i.S.d. § 14 Abs. 1 KStG sei zunächst jegliche Art von Fehler unabhängig davon, ob dieser gegen die Grundsätze ordnungsgemäßer Buchführung verstößt oder nicht. Weist die Handelsbilanz der Organgesellschaft nicht das objektiv zutreffende Ergebnis aus, liegt ein solcher Fehler vor[39].

d) Stellungnahme

Fehlerhafte Bilanzen sind im Hinblick auf die unüberschaubare Zahl von Fehlerquellen eher die Regel als eine Ausnahme[40]. Die Korrektur von solch fehlerhaften Bilanzpositionen ist tägliche Praxis der Betriebsprüfung[41].

---

[35] *Baldamus*, Ubg 2009, 484 (489); *Frotscher*, in *Frotscher/Drüen*, § 14 KStG, Rn. 368; *Kolbe*, in: *Herrmann/Heuer/Raupach*, § 14 KStG, Rn. 204; *Olbig*, in; *Streck*, § 14 KStG, Rn. 136; *Schneider/Hinz*, Ubg 2009, 738 (744).

[36] *Kraft/Hohage*, Ubg 2020, 581 (585); *Böcking/Wirth*, WPg 2019, 1260 (1263); *Forst/Suchanek/Klopsch*, GmbHR 2013, 914 (919).

[37] *Rödder/Liekenbrock*, in: *Rödder/Herlinghaus/Neumann*, § 14 KStG, Rn. 328.

[38] OFD Frankfurt a.M. v. 4.1.2022 - S 2770 A - 55 - St 55, Tz. 1.2; FinMin Schl.-Holst., KSt-Kurzinformation 2016 Nr. 3 v. 22.2.2016, DB 2016, 502.

[39] Nicht veröffentlichtes Schreiben des BMF v. 2.11.2015 - IV C 2 - S 1910/10/10117: 005, zit. nach: *Rödder/Liekenbrock*, in: *Rödder/Herlinghaus/Neumann*, § 14 KStG, Rn. 331; zur **Verrechnung nicht abziehbarer Aufwendungen**, vgl. R 14.5 Abs. 4 KStR.

[40] *Baldamus*, Ubg 2009, 484 (487); *Krieger*, NZG 2005, 787; *Kleindiek*, ZGR 2001,479.

[41] Allen voran im Hinblick auf die Zielsetzung der Betriebsprüfer ihre *Findings* zu erfüllen. Vgl. nur: *Prinz*, FR 2022, 101 (104).

Legt man hier stets einen objektiven Fehlerbegriff zugrunde, so würden bereits Meinungsverschiedenheiten zwischen Organgesellschaft und Finanzverwaltung über den handelsrechtlichen Ansatz von Bilanzpositionen der tatsächlichen Durchführung entgegenstehen. Dass dies den Anwendungsbereich des § 14 KStG in einem Umfang einschränkt, der dem Zweck der „tatsächlichen Durchführung" und der Einkommenszurechnung nicht mehr entspricht, ist in der Rechtsprechung des BFH unbestritten[42]. An der Rechtmäßigkeit eines so strengen Maßstabs wird man also wohl zurecht zweifeln dürfen.

2. Fiktion der tatsächlichen Durchführung

Seit Einführung der Heilungsvorschrift hat der Gesetzeswortlaut dagegen eine klare Ausrichtung auf den subjektiven Fehlerbegriff des Handelsrechts erfahren.

Nach § 14 Abs. 1 Nr. 3 S. 4 KStG gilt ein Gewinnabführungsvertrag als ordnungsgemäß durchgeführt, wenn ein wirksamer Jahresabschluss zwar fehlerhafte Bilanzansätze aufweist, die Fehlerhaftigkeit jedoch unter Anwendung der Sorgfalt eines ordentlichen Kaufmanns nicht hätte erkannt werden müssen und der von der Finanzverwaltung beanstandete Fehler in der nächsten Handelsbilanz korrigiert wird. Zielsetzung der mit der „kleinen Organschaftsreform" in § 14 Abs. 1 Nr. 3 KStG eingeführten Sätze 4 und 5 war es, die Durchführung des Gewinnabführungsvertrags bei Organschaften trotz eines fehlerhaften handelsrechtlichen Jahresabschlusses zu gewährleisten[43]. Da dem Bilanzierenden ermöglicht wird, fehlerhafte Bilanzansätze, die bei einer ordnungsgemäßen Durchführung des Ergebnisabführungsvertrags entgegenstehen, trotz objektiver Erkennbarkeit durch eine Berichtigung des Fehlers in der Handelsbilanz nachträglich zu korrigieren, zeigt sich, dass der Steuergesetzgeber unmittelbar Anleihe am subjektiven Fehlerbegriff des Handelsrechts nehmen will[44].

---

42 Vgl. nur: BFH, Urt. v. 05.04.1995 – I R 156/93, BFHE 177, 429, Rn. 16.

43 BT-Drucks. 17/10774, S. 19.

44 *„Die Regelung sieht vor, dass für die Frage, ob der steuerlich nicht zu beanstandende Gewinn abgeführt bzw. der zutreffende Verlust ausgeglichen worden ist, auf den handelsrechtlichen Jahresabschluss abzustellen ist […]. Wurde dieses Ergebnis der Gewinnabführung oder Verlustübernahme zugrunde gelegt, ist es für die steuerliche Beurteilung unbeachtlich, wenn sich später – z. B. im Rahmen einer Betriebsprüfung – herausstellt, dass das Jahresergebnis objektiv betrachtet unzutreffend ist, weil der*

Das Erfordernis der wirksamen Feststellung des Jahresabschlusses in S. 4 lit. a setzt ferner voraus, dass der fehlerhafte Bilanzansatz nicht so gravierend sein darf, dass er die Nichtigkeit des Jahresabschlusses der Organgesellschaft nach sich zieht[45]. Ein solcher Verweis bekräftigt das Argument der Literatur[46], dass auch auf die Beurteilung eines Bilanzierungsfehlers nach § 14 Abs. 1 KStG der Wesentlichkeitsmaßstab des § 256 Abs. 4 AktG Anwendung finden könnte[47]. In der Rechtsprechung des BFH findet sich ein solch organschaftsspezifischer Wesentlichkeitsgrundsatz derweil noch nicht[48].

Die Frage, ob ein Bilanzierungsfehler für Zwecke des § 14 Abs. 1 KStG vorliegt, bestimmt sich demnach einheitlich nach dem subjektiven Fehlerbegriff des Handelsrechts.

3. Verhältnis zur Rückwärtsberichtigung der Handelsbilanz

Vor Inkrafttreten von § 14 Abs. 1 S. 1 Nr. 3 S. 4 u. 5 KStG konnten darüberhinausgehend klassische Fehler wie die Nichtbeachtung von gesellschaftsrechtlichen Regelungen[49], die vergessene Verrechnung vororganschaftlicher Verluste und die Nichtbeachtung anderer Abführungssperren (§ 301 AktG) durch die allgemeinen Grundsätze der rückwirkenden Korrektur des fehlerhaften handelsrechtlichen Jahresabschlusses mit Wirkung für die Vergangenheit geheilt werden[50].

---

*Jahresabschluss fehlerhafte Bilanzansätze enthält. […] Die Regelung knüpft damit an den Gedanken des **subjektiven Fehlerbegriffs** an […].*“ Vgl. BT-Drucks. 17/10774, S. 19; *Dötsch/Pung,* DB 2013, 305 (314).

45 *Kraft/Hohage*, Ubg 2020, 581 (587).

46 *Baldamus*, Ubg 2009, 484 (489); *Frotscher*, in *Frotscher/Drüen*, § 14 KStG, Rn. 368; *Kolbe*, in: *Herrmann/Heuer/Raupach*, § 14 KStG, Rn. 204; *Schneider/Hinz*, Ubg 2009, 738 (744).

47 *Forst/Suchanek/Klopsch*, GmbHR 2013, 914 (918).

48 Verneint von: BFH, Urt. v. 02.11.2022 – I R 37/19, DStR 2023, 268; BFH, Urt. v. 21.10. 2010 – IV R 21/07, NJOZ 2011, 824.

49 z. B. aus dem GAV, AktG oder HGB.

50 Umfassend: *Schumann*, EStB 2022, 182 (183).

a) Ansicht der Literatur

Greifen die Voraussetzungen der Fiktion in einem solchen Falle nicht, hält ein Teil der Literatur[51] die Fehler für organschaftsschädlich. Die Vertreter begründen eine solche Einschätzung damit, dass die Fiktion die Möglichkeit der Heilung nunmehr abschließend regle[52].

b) Stellungnahme

Dem kann jedoch nicht zugestimmt werden. Der Gesetzeswortlaut enthält keine Anhaltspunkte, die auf eine abschließende Regelung der Heilungsmöglichkeit hinweisen würde. Vielmehr ergibt sich aus dem Entwurf zum UntStRÄndG, dass die Fiktion der Durchführung lediglich die Bereiche der fehlerhaften Bilanzansätze und der formellen Fehler des Gewinnabführungsvertrags erfassen soll[53]. Für Fehler, die – wie hier – auf anderen Aspekten beruhen, sieht das Gesetz explizit keine Änderungen vor. Entsprechend ist auch weiter nach bisherigen Grundsätzen zu verfahren[54]. Greifen die Voraussetzungen der Fiktion nicht, können die Bilanzen auch weiter durch Rückwärtsberichtigung des handelsrechtlichen Jahresabschlusses korrigiert werden[55].

4. Maßstäbe zur bilanziellen Ermittlung des Gewinns

Weicht die Abführung an den Organträger wegen dem fehlerhaften Ansatz von Bilanzpositionen vom objektiv zutreffenden handelsrechtlichen Jahresergebnis ab, kann der Bilanzierungsfehler in der Regel durch die gesetzliche Fiktion der tatsächlichen Durchführung oder durch Rückwärts-

---

51 *Petersen*, WPg 2018, 659 (664); *Kolbe*, in: *Herrmann/Heuer/Raupach*, § 14 KStG, Rn. 204; **a.A.**: *Forst/Suchanek/Klopsch*, GmbHR 2013, 914 (921).

52 *Kolbe*, in: *Herrmann/Heuer/Raupach*, § 14 KStG, Rn. 204.

53 *„Die Neuregelung [erfasst] zwei Bereiche [...]: Fehlerhafte Bilanzansätze und deren Auswirkungen auf die tatsächliche Durchführung (§ 14 Absatz 1 Satz 1 Nummer 3 KStG) und [...] formelle Fehler des Gewinnabführungsvertrags hinsichtlich der Vereinbarungen zur Verlustübernahme (§ 17 KStG)"*. Vgl. BT-Drucks. 17/10774, S. 19.

54 *„Für Gewinnabführungsverträge, die nichtig sind und für Gewinnabführungen bzw. Verlustübernahmen, die auf Bilanzen beruhen, die offensichtliche oder wesentliche Fehler enthalten, sieht das Gesetz keine Änderungen vor. In diesen Fällen kann eine steuerliche Organschaft – wie schon* ***nach den bisherigen Grundsätzen*** *– gegebenen Falls nicht mehr anerkannt werden"*. Vgl. BT-Drucks. 17/10774, S. 19.

55 So auch: *Lohmar*, in: *Lademann*, § 14 KStG Rn. 293.

Berichtigung der Handelsbilanz geheilt werden. Ist ein Bilanzierungsfehler so unwesentlich, dass die Handelsbilanz nicht zu korrigieren ist, ist dieser auch für Zwecke des § 14 Abs. 1 KStG unbeachtlich.

Dagegen ist der Gewinnabführungsvertag als nicht durchgeführt anzusehen, wenn die Handelsbilanz der Organgesellschaft im Rahmen der subjektiven Erkennbarkeit unter offensichtlichen oder wesentlichen Fehler leidet.

II. Verbuchung der Ergebnisabführung

In der endgültigen Handelsbilanz erscheint der bilanziell ermittelte Gewinn als Verbindlichkeit gegenüber dem Organträger. Umgekehrt wird bei einem Jahresfehlbetrag der Anspruch aus § 302 AktG als Forderung ausgewiesen, sodass das endgültige Jahresergebnis stets Null beträgt[56].

Weist der Jahresabschluss dagegen keine Verbindlichkeit gegenüber dem Organträger aus, fällt der Gewinn aus bilanzieller Sicht als Jahresüberschuss bei der Organgesellschaft an. Ob dies gegen eine tatsächliche Durchführung des Gewinnabführungsvertrags spricht oder die Buchung der Verbindlichkeit später erfolgen kann, war in der Literatur lange Zeit umstritten[57].

1. Auffassung der Rechtsprechung (Az. I R 37/19)

Der BFH äußerte sich nun in einem Grundsatzurteil vom 02.11.2022 zu dieser Frage[58]. Nach Auffassung des ersten Senats erfordere die tatsächliche Durchführung nicht nur die Abführung an den Organträger, sondern ebenso die bilanzielle Verbuchung der Forderungen und Verbindlichkeiten aus dem Gewinnabführungsvertrag in den Jahresabschlüssen der Organgesellschaft[59]. In der Sache hatte eine Organgesellschaft in ihren Jahresabschlüssen für ihre jeweilig abzuführenden Jahresüberschüsse jährlich entsprechende Verbindlichkeiten gegenüber ihrem Organträger ausgewiesen. Lediglich in einem Jahr ging keine entsprechende Forderung aus dem Jahresabschluss hervor. Nach einer Außenprüfung versagte das zuständige Finanzamt die Anerkennung der Organschaft und erließ entsprechende Änderungsbescheide. Einsprüche und Klage[60] blieben ohne Erfolg[61].

---

56 *Koch*, § 291 AktG, Rn. 26.

57 Gegen die Durchführung: *Rode*, in: *Brandis/Heuermann*, § 14 KStG Rn. 138; *Frotscher*, in: *Frotscher/Drüen*, § 14 KStG, Rn.447; *Beinert/Nees*, in: *Prinz/Witt*, Rn. 350; **a.A.**: *Kolbe*, in: *Herrmann/Heuer/Raupach*, § 14 KStG, Rn. 204; *Walter*, GmbHR 2019, 1202 (1206).

58 BFH, Urt. v. 2.11.2022 – I R 37/19, DStR 2023, 268; Rev. zu: FG Schleswig-Holstein, Urt. v. 6.6.2019 – 1 K 113/17, DStRE 2019, 1331.

59 BFH, Urt. v. 2.11.2022 – I R 37/19, DStR 2023, 268 Rn. 16.

60 FG Schleswig-Holstein, Urt. v. 6.6.2019 – 1 K 113/17, DStRE 2019, 1331.

61 BFH, Urt. v. 02.11.2022 – I R 37/19, DStR 2023, 268 Rn. 1 – 10. Zur FG-Entscheidung: *Göllner*, EFG 2019, 1714; *Lauer*, GWR 2019, 454; *Walter*, GmbHR 2019, 1202.

Der BFH wies die Revision als unbegründet zurück. Das FG habe zutreffend entschieden, dass die Einkünfte der Organgesellschaft steuerrechtlich dieser zuzurechnen seien, da wegen fehlender tatsächlicher Durchführung des Gewinnabführungsvertrags eine körperschaftsteuerliche Organschaft nicht anzuerkennen ist[62]. Zur tatsächlichen Durchführung müsse bereits vor dem Zeitpunkt der Zahlung oder Verrechnung objektiv erkennbar sein, dass sowohl der Organträger als auch die Organgesellschaft ihre zivilrechtlichen Vertragspflichten aus dem Gewinnabführungsvertrag erfüllen werden. Daher sei erforderlich, dass die entsprechenden Forderungen oder Verbindlichkeiten jährlich in den jeweiligen Jahresabschlüssen ausgewiesen würden[63]. Spätere Buchungen könnten den rechtzeitigen Bilanzausweis nicht ersetzen[64]. Eine Heilung nach § 14 Abs. 1 S. 1 Nr. 3 S. 4 KStG scheide ebenso aus, da der Anwendungsbereich nach dem Gesetzeswortlaut auf fehlerhafte Bilanzansätze mit einer Wirkung auf den abgeführten Gewinn oder ausgeglichenen Verlust beschränkt sei. Nicht erfasst sei demnach der fehlerhafte Ausweis einer Gewinnabführungsverpflichtung oder eines Verlustausgleichsanspruchs gegenüber dem Organträger[65].

2. Stellungnahme

Auch wenn dem BFH-Urteil wohl in der Auslegung der Heilungsvorschrift zuzustimmen ist[66], ist dessen Argumentation für das generelle Erfordernis der Verbuchung der Ergebnisabführung unter mehreren Gesichtspunkten unzureichend.

---

[62] BFH, Urt. v. 02.11.2022 – I R 37/19, DStR 2023, 268 Rn. 11.

[63] Der BFH konzentriert sich in seiner Entscheidung auf die Organgesellschaft, im Hinblick auf den Leitsatz des Urteils ("*Die entsprechenden Forderungen und Verbindlichkeiten müssen auch in den Jahresabschlüssen gebucht werden*") kann man jedoch folgern, dass der Senat auch einen korrespondierenden Ausweis der Ergebnisabführung bei Organträger und Organgesellschaft als erforderlich hält. So auch: *Adrian/Fey*, StuB 2023, 361 (362).

[64] BFH, Urt. v. 02.11.2022 – I R 37/19, DStR 2023, 268 Rn. 16.

[65] BFH, Urt. v. 02.11.2022 – I R 37/19, DStR 2023, 268 Rn. 21.

[66] BFH, Urt. v. 02.11.2022 – I R 37/19, DStR 2023, 268 Rn. 21. Die Auslegung entspricht wohl dem expliziten Gesetzgeberwillen: „*Wurde* ***dieses Ergebnis der Gewinnabführung oder Verlustübernahme zugrunde*** *gelegt, ist es für die steuerliche Beurteilung unbeachtlich, wenn sich später – z. B. im Rahmen einer Betriebsprüfung – herausstellt, dass das Jahresergebnis objektiv betrachtet unzutreffend ist, weil der Jahresabschluss fehlerhafte Bilanzansätze enthält*“. Vgl. BT-Drucks. 17/10774, S. 19.

a) Gesetzliche Grundlage

Während eine restriktive Beurteilung in früheren Entscheidungen noch auf den Gesetzeswortlaut gestützt werden konnte[67], gibt es für das zusätzliche Erfordernis der Verbuchung der Ergebnisabführung keinerlei gesetzliche Anhaltspunkte[68]. Der Senat verweist in diesem Zusammenhang ohne Bewertung auf seine eigene Rechtsprechung, nach der es für die tatsächliche Durchführung objektiv erkennbar sein muss, dass sich sowohl Organträger als auch Organgesellschaft an ihre zivilrechtlichen Vertragsverpflichtungen halten[69]. Wieso dies notwendigerweise eine Verbuchung im Jahresabschluss erfordert und warum eine Verbuchung im folgenden Jahr – wie in der Streitsache erfolgt – einer objektiven Erkennbarkeit entgegenstehen sollte, wird ohne nähere Begründung übergangen[70].

b) Voraussetzungen der Organschaft

Grundsätzlich fußt die strikte Auslegung des ersten Senats auf der These, dass sich der Gesetzgeber durch den Grundsatz der steuerlichen Eigenständigkeit von Körperschaften gegen ein steuersubjektübersteigendes Konzern- oder Gruppenbesteuerungsrecht entschieden habe. Ausnahmen von diesem Prinzip seien demnach im Zweifel eher eng als weit auszulegen[71]. Gleichwohl stellt der Senat aber auch fest, dass es dem Gesetzgeber unbenommen bleiben muss, unter besonderen tatbestandlichen Anforderungen von dem sonst so strikten Steuersubjektprinzip abzusehen[72].

---

67 BFH, Urt. v. 10.05.2017 – I R 51/15, DStR 2017, 2109, Rn. 11.

68 So auch: *Binnewies/Mühling*, AG 2020, 176 (177); *Adrian/Fey*, StuB 2023, 361 (362); *Olbig*, in: *Streck*, § 14 KStG, Rn. 134.

69 BFH, Urt. v. 02.11.2022 – I R 37/19, DStR 2023, 268, Rn. 16; in Verweis auf: BFH, Urt. v. 10.05.2017 – I R 51/15, DStR 2017, 2109; *Witt*, HFR 2023, 593; *Witt/Herkens/Oppel*, Ubg 2023, 213.

70 *„Schon vor dem Zeitpunkt der tatsächlichen Zahlung/Verrechnung muss also objektiv erkennbar sein, dass sowohl der Organträger als auch die Organgesellschaft ihre zivilrechtlichen Vertragspflichten […] aus dem EAV erfüllen werden.* ***Daraus folgt [?]****, dass die entsprechenden Forderungen/Verbindlichkeiten auch in den Jahresabschlüssen gebucht werden müssen*“, Vgl. BFH, Urt. v. 02.11.2022 – I R 37/19, DStR 2023, 268, Rn. 16.

71 Ebenso: *Rode*, in: *Brandis/Heuermann*, § 14 KStG Rn. 138; *Frotscher*, in: *Frotscher/Drüen*, § 14 KStG, Rn.447; *Beinert/Nees*, in: *Prinz/Witt*, Rn. 350; **a.A.**: *Kolbe*, in: *Herrmann/Heuer/Raupach*, § 14 KStG, Rn. 204; *Walter*, GmbHR 2019, 1202 (1206).

72 BFH, Urt. v. 03.03.2010 – I R 68/09, RNotZ 2010, 420 (421).

Es ist Aufgabe des Steuergesetzgebers die Voraussetzungen der Organschaft zu definieren[73]. Demnach sind über den Wortlaut des Gesetzes hinausgehenden Anforderungen nur angemessen, wenn dies auch dem Willen des Gesetzgebers dient[74].

c) Unzureichende Begründung

Im vorliegenden Urteil beruft sich der Senat auf den Missbrauchsschutz[75]. Die Organschaft solle nicht zum Zwecke der willkürlichen Beeinflussung der Besteuerung und zu Einkommensverlagerungen von Fall zu Fall abgeschlossen bzw. beendet werden können. Doch wie der Senat in früheren Urteilen selbst feststellt, wird die willkürliche Beeinflussung der Besteuerung bereits durch die gesetzlich geforderte Mindestvertragslaufzeit und das Erfordernis eines wichtigen Grunds im steuerrechtlichen Sinne bei vorzeitiger Beendigung des Gewinnabführungsvertrags verhindert[76].Das Merkmal der tatsächlichen Durchführung eignet sich in diesem Zusammenhang schlicht nicht für den Missbrauch[77]. Allenfalls könnte man das gezielte "Verunglückenlassen" der Organschaft diskutieren. Da der BFH diese Gestaltung aber wegen der Rückkehr zur „Normalbesteuerung“ in den Grenzen des § 42 AO explizit akzeptiert[78], erübrigt sich auch dieses Argument[79]. Aus dem Urteil ergeben sich demnach keine stichhaltigen Argumente für das Erfordernis der Verbuchung der Ergebnisabführung.

---

73 *Koenig*, in: *Koenig*, § 4 AO, Rn. 98; Birk, StuW 1990, 300.

74 Vgl. nur: BVerfG, Urt. v. 19.06.1973 – 1 BvL 39/69 u. 14/72, NJW 1973, 1491.

75 *„Dies beruht zum einen auf dem vom Gesetzgeber verfolgten Ziel,* ***Manipulationen zu verhindern****: Die Organschaft soll nicht zum Zweck der willkürlichen Beeinflussung […]“*. Vgl. BFH, Urt. v. 02.11.2022 – I R 37/19, DStR 2023, 268, Rn. 17.

76 BFH, Urt. v. 10.5.2017 – I R 51/15, DStR 2017, 2109, Rn. 27.

77 So auch: *Adrian/Fey*, StuB 2023, 361 (362).

78 BFH, Urt. v. 10.5.2017 – I R 51/15, DStR 2017, 2109, Rn. 29.

79 Auch im Blick auf den Sachverhalt ist nicht erkennbar, warum eine solch hohe Hürde wegen des Missbrauchsschutzes notwendig sein sollte. Immerhin hatten die Beteiligten – unbestritten – den Willen den Vertrag zu „leben“ und es erfolgte auch ein tatsächlicher Ausgleich der Ergebnisabführungsforderung im nachfolgenden Wirtschaftsjahr. Der Senat äußert sich hierzu nicht: *„Ob der tatsächliche Ausgleich des Jahresfehlbetrags 2013 durch die B-GmbH am 11.2.2015 noch rechtzeitig war,* ***kann unter diesen Umständen dahingestellt bleiben****. Die Nichtdurchführung des EAV folgt jedenfalls aus der fehlenden Buchung einer entsprechenden Forderung der Klägerin in ihrem Jahresabschluss zum 31.12.2013*“. Vgl. BFH, Urt. v. 02.11.2022 – I R 37/19, DStR 2023, 268, Rn. 20; so auch: *Adrian/Fey*, StuB 2023, 361 (362).

d) Systemwidrige Auslegung

Demgegenüber widerspricht das Urteil der eigenen Auslegungssystematik des Senats. Nach eigener Rechtsprechung wird die Höhe des Ergebnisabführungsanspruchs nicht durch den festgestellten Jahresabschluss, sondern durch das sich bei objektiv ordnungsgemäßer Bilanzierung ergebende Ergebnis festgelegt[80]. Wenn der Ausweis eines fehlerhaften Ergebnisabführungsanspruchs unter bilanziellen Gesichtspunkten keine bindende Wirkung entfaltet, kann sich für steuerliche Zwecke – ohne klare gesetzliche Anordnung – nichts Anderes ergeben[81].

3. Maßstäbe für die Verbuchung der Ergebnisabführung

Trotz der – nach hier vertretener Auffassung – unzureichenden Begründung wird das Urteil des BFH in Zukunft als Grundlage für das Erfordernis der Verbuchung der Ergebnisabführung herangezogen werden[82]. Es ist demnach anzunehmen, dass die tatsächliche Durchführung eines Gewinnabführungsvertrags stets auch eine Verbuchung der Ergebnisabführung im jeweiligen Jahresabschluss von Mutter- und Tochtergesellschaft erfordert[83].

---

80 BFH, Urt. v. 05.04.1995 – I R 156/93, GmbHR 2020, 340; BFH, Urt. v. 21.10.2010 – IV R 21/07, GmbHR 2011, 40 m. Anm. *Walter*.

81 So auch: *Walter*, GmbHR 2019, 1202 (1207).

82 Die Entscheidung ist bereits in die meisten Neuauflagen der relevanten Kommentare eingepflegt. Vgl. nur: *Rode*, in: *Brandis/Heuermann*, § 14 KStG, Rn. 138; *Ebber*, in: *Micker/Pohl*, BeckOK, § 14 KStG, Rn. 424c; *Herkens*, in: *Lippross/Seibel*, § 14 KStG, Rn. 108; Auch die Anmerkungsliteratur kritisieren die Begründung teils nicht: *Pieske*, DStRK 2023, 88; *Onusseit/Oppermann*, DZWIR 2023, 503; *Loritz*, EWiR 2023, 519; *Engeln*, FR 2023, 356; *Schimmele*, GmbH-StB 2023, 95; *Witt*, HFR 2023, 593.

83 So auch: *Adrian/Fey*, StuB 2023, 361 (362).

III. Vollzug des Gewinnabführungsvertrages

Ist das Jahresergebnis korrekt bilanziell ermittelt und eine Forderung und Verbindlichkeit gegenüber dem Organträger in der Handelsbilanz ausgewiesen, folgt der tatsächliche Vollzug des Gewinnabführungsvertrags.

1. Abführung des ganzen Gewinns

Auf Grundlage des handelsrechtlichen Jahresabschlusses ist die Organgesellschaft nach § 291 Abs. 1 AktG verpflichtet, ihren gesamten Gewinn an den Organträger abzuführen. Die Anerkennung der tatsächlichen Durchführung des Gewinnabführungsvertrags ist in diesem letzten Schritt an mehrere Faktoren geknüpft.

a) Betragsmäßige Deckung der Abführung

Zunächst ergibt sich aus dem Wortlaut des § 291 Abs. 1, dass der „ganze Gewinn" als handelsrechtliche Größe betragsmäßig identisch abgeführt werden muss. Regelmäßig ist für finanziell nicht eingegliederte Organgesellschaften die Abführungsobergrenze aus § 301 AktG und eine steuerliche Untergrenze aus § 14 Abs. 1 Nr. 4 KStG zu beachten[84].

Aufgrund der erheblichen Konsequenzen des rückwirkenden Wegfalls der Organschaft sprachen sich Teile der Literatur unter dem Gesichtspunkt der Verhältnismäßigkeit dafür aus, betragsmäßig geringfügige Abweichungen bei der Abführung des Gewinns als unbeachtlich anzusehen[85].

Mit Einführung der Fiktion der tatsächlichen Durchführung ist diese Zweifelsfrage jedoch wohl ausgeräumt. Im Entwurf zur Organschaftsreform 2013 stellte der Gesetzgeber klar, dass geringfügige Abweichungen nur innerhalb der Bilanz als unbeachtlich anzusehen seien sollen[86]. Im

---

[84] *Neumann*, in: *Gosch*, § 14 KStG, Rn. 312. Für **gesetzliche Abführungssperren** (z.B. § 58d GmbHG) vgl. *Suchanek/Herbst*, GmbHR 2006, 966; *Neumayer/Imschweiler*, GmbHR 2011, 57 f.

[85] *Walter*, in: *Ernst & Young*, § 14 KStG (2006), Rn. 649.1, zit. nach: *Kreidl/Riehl*, BB 2006, 1880 (1881); *Berger*, DB 2006, 903; **a.A.**: *Neumann*, in: *Gosch*, § 14 KStG Rn. 310; *Dötsch*, DK 2004, 273, i.E. auch: *Kreidl/Riehl*, BB 2006, 1880 (1881).

[86] *„Die Neuregelungen sollen Erleichterungen für die steuerliche Organschaft bewirken, die [in] Verbindung mit [...] fehlerhaften Bilanzansätzen und deren Auswirkungen auf die tatsächliche Durchführung [stehen.] Für [andere Fehler] sieht das Gesetz keine*

Umkehrschluss bedeutet dies, dass bei Abweichungen von der Bilanz auch geringe Verstöße bei der späteren Abführung als schädlich zu werten sind.

b) Ausgleichszahlungen an stille Gesellschafter

Ist die Organgesellschaft verpflichtet variable Gewinnanteile an einen typischen stillen Gesellschafter abzuführen, mindert dieser Aufwand den „ganzen Gewinn" und die spätere Abführung an den Organträger ist weiterhin als Abführung des „ganzen Gewinns" i.S.d. § 291 Abs. 1 AktG anzusehen[87].

i) Typische stille Beteiligungen

Mit dem Jahressteuergesetz 2018[88] wurde in diesem Zusammenhang in § 14 Abs. 2 n.F. eine entsprechende Regelung eingefügt, die klarstellt, dass trotz einer Kombination des mindestens zugesicherten Betrags gem. § 304 Abs. 2 S. 1 AktG mit einer darüberhinausgehenden Ausgleichszahlung an den außenstehenden Gesellschafter der ganze Gewinn als abgeführt gilt.

Die Norm stellt eine Reaktion des Gesetzgebers auf die hierzu ergangene Rechtsprechung des BFH dar[89]. Dieser bekräftigte zuletzt mit Urteil vom 10.05.2017 seine damalige Auffassung, nach der die Kopplung der Ausgleichszahlung an das Ergebnis der Organgesellschaft vor der Gewinnabführung die tatsächliche Durchführung des Gewinnabführungsvertrags in Frage stelle[90]. Da die Finanzverwaltung vor allem im Hinblick auf kommunale Unternehmen in der Vergangenheit stets eine großzügigere Auffassung hinsichtlich variabler Ausgleichszahlungen an Minderheitsgesellschafter vertreten hatte, musste der Gesetzgeber tätig werden, um die bei der kommunalen Energie- und Wasserversorgung aufgebauten Strukturen

Änderungen vor. In diesem Fällen kann eine steuerliche Organschaft – wie schon nach bisherigen Grundsätzen – gegebenenfalls nicht mehr anerkannt werden". Vgl. Gesetzesentwurf zum UntStRÄndG, BT-Drucks. 17/10774, S. 19.

87 *Walter*, in: *Bott/Walter*, § 14 KStG, Rn. 652.0; *Schmidt/Werner*, GmbHR 2010, 29 (30) *Schmich*, GmbHR 2008, 464 (466).

88 JStG 2018, BGBl. I 2018, 2338.

89 *Neumann*, in: *Gosch*, § 14 KStG Rn. 336.

90 BFH, Urt. v. 10.05.2017 – I R 93/15, BStBl. II 2019, 278; in Verweis auf: BFH, Urt. v. 04.03.2009 – I R 1/08, BStBl. II 2010, 407.

aufrechtzuerhalten[91]. Letzte Zweifelsfragen wurden spätestens durch den Anwendungserlass v. 30.01.2020 ausgeräumt[92]. Eine typische stille Beteiligung am Geschäftsbetrieb der Organgesellschaft gefährdet die steuerliche Anerkennung der Organschaft damit nicht.

ii) Atypische stille Beteiligungen

Besteht dagegen an einer Organgesellschaft eine atypische stille Beteiligung, fehlt es nach Ansicht der Finanzverwaltung regelmäßig an der Abführung des ganzen Gewinns[93].

(1) Steuerrechtliche Auslegung

Teile der Literatur[94] schließen sich dieser Auffassung mit der Begründung an, dass einerseits die atypische stille Beteiligung als Mitunternehmerschaft behandelt und der erzielte Gewinn auf die Mitunternehmer verteilt wird, andererseits jedoch Abs. 1 S. 1 die Zurechnung des Einkommens der Organgesellschaft bei einem einzigen anderen Unternehmen (Organträger) anordnet, und so nicht der „ganzen Gewinn“ an den Organträger abgeführt wird[95].

(2) Handelsrechtliche Auslegung

Nach anderer Ansicht[96] bestimmt sich der Begriff des „ganzen Gewinns“ durch Verweis in § 14 Abs. 1 S. 1 KStG auf den handelsrechtlichen Gewinnabführungsvertrag. Demzufolge solle auch die Auslegung - mangels

---

[91] BMF, Schreiben v. 20.04.2010, IV C 2 – S 2770/08/10006, FMNR2c4000010. Der Gesetzesentwurf (BT-Drucks. 372/18, S. 9) übernahm alle wesentlichen Aspekte, die der *VKU* und der *BDEW* in ihrem Schreiben v. 22.05.2018 an das BMF gefordert hatten. Vgl. *VKU e.V. / BDEW e.V.*, Schreiben an das BMF v. 22.05.2018; *Prinz*, FR 2018, 916 (921).

[92] BMF, Schreiben v. 30.01.2020 – IV C 2 – S 2770/19; **a.A.**: *Hasbach*, DStR 2019, 81 (87).

[93] BMF, Schreiben v. 20.08.2015 - IV C 2 - S 2770/12/10001, GmbHR 2015, 1064; FinMin Schleswig-Holstein v. 04.03.2013 - 3/2013 VI 3011 – S 2770 – 080.

[94] *Schmich*, GmbHR 2008, 464 (466); *Schulze zur Wiesche*, DStZ 2013, 621; *Brinkmann*, StBp 2015, 277; *Berninger*, DB 2004, 297.

[95] *Kolbe*, in: *Herrmann/Heuer/Raupach*, § 14 KStG Rn. 204.

[96] *Schmidt/Werner*, GmbHR 2010, 29 (30); *Suchanek*, GmbHR 2015, 1031; *Suchanek*, DK 2019, 356; *Hageböke*, DB 2015, 1993; *Hölzer*, FR 2015, 1065; *Ismer*, GmbHR 2011, 968.

klarer gesetzlicher Darstellung - nach Maßgabe des Zivilrechts erfolgen[97]. Für die Abführung des ganzen Gewinns ist damit der Bilanzgewinn gemeint, wie er sich ergäbe, wenn kein Gewinnabführungsvertrag bestünde[98].

Da der Anteil des atypischen stillen Gesellschafters handelsrechtlich als gewinnmindernder Aufwand zu verbuchen ist, kann hiernach trotz Beteiligung eines atypischen stillen Gesellschafters noch der „ganze Gewinn" an den Organträger abgeführt werden[99].

(3) Ansicht der Rechtsprechung

Jüngst verneinte das FG Düsseldorf eine handelsrechtliche Auslegung[100]. Für die Abführung des „ganzen Gewinns" sei nur entscheidend, ob der Organträger den gesamten, von der Organgesellschaft festgestellten Gewinn auch erhält[101]. Entgegen der früheren Darstellung in der Finanzverwaltung[102], hat der BFH aber bis heute noch ausdrücklich offengelassen, ob der Begriff des „ganzen Gewinns" handels- oder steuerrechtlich zu verstehen ist[103].

---

97 *Suchanek*, GmbHR 2015, 1031 (1033); in Verweis auf: BFH Urt. v. 18.12.2002 – I R 51/01, GmbHR 2003, 363; BFH, Urt. v. 18.12.2002 – I R 50/01, StuB 2003, 665; BFH, Urt. v. 18.12.2002 – I R 68/01, HFR 2003, 991.

98 *Emmerich*, in *Emmerich/Habersack*, § 291 AktG Rz. 64.

99 *Suchanek*, GmbHR 2015, 1031 (1033); *Suchanek*, DK 2019, 356.

100 Zuvor lies die finanzgerichtliche Rechtsprechung die Auslegungsfrage unbeantwortet: FG Mecklenburg-Vorpommern, Urt. v. 05.09.2018 1 K 396/14, EFG 2019, 1228; Rev.: BFH, Urt. v. 15.7.2020 – I R 33/18, DStR 2021, 1097; FG Hamburg, Urt. v. 2 6.10.2010 2 K 312/09, GmbHR 2011, 329; Rev.: BFH, Urt. v. 31.03.2011 I B 177/10, BeckRS 2011, 95534.

101 FG Düsseldorf, Urt. v. 12.04.2021 - 6 K 2616/17, EFG 2021, 1052 m. Anm. *Falk* Rn. 40.

102 *„weil in einem derartigen Fall nicht der „ganze Gewinn" der GmbH i. S. des § 14 Abs. 1 Satz 1 KStG an den Organträger abgeführt wird (vgl. BFH-Beschluss vom 31. März 2011 – I B 177/10 –, BFH/NV 2011, 1397)*". Vgl. FinMin Schleswig-Holstein v. 04.03.2013 - 3/2013 VI 3011 – S 2770 – 080.

103 BFH, Urt. v. 11.08.2011 – I B 179/10 , GmbHR 2011, 1284: *„Die Beschwerde muss auch insofern ohne Erfolg bleiben, als die Klägerin der Frage grundsätzliche Bedeutung beimisst, ob auch dann von der Abführung des gesamten Gewinns i.S.v. § 14 KStG auszugehen ist, wenn außerhalb der Organschaft stehende Personen am Gewinn der Organgesellschaft als atypisch stille Gesellschafter beteiligt sind. Der Senat hat zwar hier zu* ***noch nicht abschließend Stellung genommen*** *(vgl. BFH v. 31.03.2011 – I B 177/10, GmbHR 2011, 836)*". Vgl. auch Fn. 52.

(4) Stellungnahme

Der Blick auf den Wortlaut allein kann in diesem Zusammenhang keine Klarheit schaffen. Der Begriff des „ganzen Gewinns" findet sich sowohl in § 291 Abs. 1 AktG als auch gleichlautend in § 14 Abs. 1 S. 1 KStG. Vielmehr bedarf es einer systematischen Betrachtung. Ist ein atypisch stiller Gesellschafter an der Organgesellschaft auf Ebene des Organträgers beteiligt, besteht zwischen Organträger und still Beteiligten eine stille Gesellschaft[104]. Die atypisch stille Gesellschaft selbst wird für Zwecke der Einkommensteuer nicht als Steuersubjekt angesehen[105]. Dennoch erfolgt auf Ebene der stillen Gesellschaft eine Zuordnung von Gewinnanteilen an Organträger und stillen Beteiligten[106].

Zuletzt hat der BFH in diesem Zusammenhang betont, dass eine gesonderte Zuordnung einer Gewinnquelle oder eines Teils einer Gewinnquelle, auf welche Weise auch immer das geschieht, organschaftsschädlich ist[107]. Legt man diesen strengen Maßstab zugrunde, muss man konsequenterweise auch feststellen, dass bei Zuweisung eines Gewinn*anteils* an den Organträger auf Ebene der stillen Gesellschaft[108] nie der *ganze* Gewinn der Organgesellschaft an den Organträger abgeführt werden kann[109].

Ist der stille Beteiligte dagegen auf Ebene der Organgesellschaft atypisch an einem gemeinsamen Geschäftsbetrieb beteiligt, steht dies der Abführung des gesamten Gewinns nicht entgegen. Denn für die Abführung des „ganzen Gewinns" kommt es lediglich auf die vollständige Abführung im Innenverhältnis zwischen Organgesellschaft und Organträger an. Erhält die Organgesellschaft von Anfang an nur einen Gewinnanteil, kann dieser Anteil immer noch den ganzen Gewinn darstellen, da zwischen dem erhaltenen Gewinnanteil und der Abführung an den Organträger keine weitere Gewinnzuweisung erfolgt[110].

---

104 *Johannemann/Häuselmann*, in: *Lüdicke/Sistermann,* § 11 Rn. 14.

105 BFH, Urt. v. 14.07.1998 – VIII B 112/97, BeckRS 1998, 30019115.

106 BFH, Urt. v. 26.11.1996 – VIII R 42/94, BStBl. II 1998, 328. Zur ertragsteuerlichen Behandlung der atypisch stillen Gesellschaft ausführlich: OFD Erfurt 23. 10. 2003, FR 2003, 1299.

107 BFH, Urt. v. 31.03.2011, I B 177/10, BeckRS 2011, 95534 Rn. 11.

108 *Lüdicke*, in: *Lüdicke/Sistermann*, § 1 Rn. 29.

109 So auch: *Frotscher* in: *Frotscher/Drüen*, § 14 KStG, Rn. 205; **a.A.**: *Ebber*, in: *Micker/Pohl*, BeckOK, § 14 KStG, Rn. 161; *Werner/Schmidt*, GmbHR 2010, 29.

110 So auch: *Rödder/Liekenbrock* in: *Rödder/Herlinghaus/Neumann*, § 14 KStG Rn. 123.

Folglich steht die atypische stille Beteiligung an einer Organgesellschaft auf Ebene des Organträgers der Abführung des „ganzen Gewinns" i.S.d. § 14 Abs. 1 S. 1 KStG entgegen[111]. Die atypische stille Beteiligung auf Ebene der Organgesellschaft ist dagegen unschädlich. Es bleibt abzuwarten, wie sich der BFH im hierzu anhängigen Revisionsverfahren äußern wird[112].

iii) Betragsmäßige Deckung der Ausgleichszahlung

Für die betragsmäßige Deckung der Ausgleichzahlungen gelten die Ausführungen zur Deckung der Abführung entsprechend. Wird trotz korrekter Bilanzierung der Ausgleichszahlung zu viel an den typischen stillen Gesellschafter abgeführt, ist dies für die Organschaft schädlich[113].

2. Erfüllung

Neben der korrekten Höhe der Abführung bedarf es zum Vollzug des Gewinnabführungsvertrags auch der tatsächlichen Erfüllung der Verbindlichkeit oder Forderung aus der Ergebnisübernahme. Die bloße Bilanzierung der Ansprüche ist nicht ausreichend, um den Gewinnabführungsvertrag zu vollziehen. Vielmehr müssen die Ansprüche bzw. Verbindlichkeiten tatsächlich erfüllt werden[114].

a) Entstehung und Fälligkeit

Nach Rechtsprechung des BFH entsteht der Anspruch auf Abführung eines positiven Ergebnisses mit Ende des Geschäftsjahres[115] und wird wohl im Rahmen der ergänzenden Vertragsauslegung nach § 133 BGB durch Beschluss des Jahresabschlusses fällig[116].

---

[111] Zu **Ausschüttungen auf Genussrechte**, vgl. *Neumann*, in: *Gosch*, § 14 KStG, Rn. 316c.

[112] Az.: I R 17/21.

[113] *Kolbe*, in: *Herrmann/Heuer/Raupach*, § 14 KStG Rn. 204.

[114] BFH, Urt. v. 26.04.2016 – I B 77/15, BeckRS 2016, 94928 Rn. 10; BFH, Urt. v. 05.04.1995 – I R 156/93, DStR 95, 1109.

[115] BFH, Urt. v. 22.04.1964, II 246/60 U, BFHE 79, 282 (juris); *Gänsler*, Ubg 2014, 701 (702).

[116] BFH, Urt. v. 22.04.1964 – II 246/60 U, BFHE 79, 282 (juris), Rn. 18; Abweichend von: BFH, Urt. v. 25.07.1956, II 114/56 U, BStBl III 1956, 254; *Gänsler*, Ubg 2014, 701 (702); *Frotscher*, in *Frotscher/Drüen*, § 14 KStG, Rn. 448.

Hiervor abweichend nimmt der BGH für den Verlustübernahmeanspruch auf Grundlage von § 271 BGB eine sofortige Fälligkeit an[117]. Die Gewinnabführung und die Verlustübernahme entstammen demselben Rechtsverhältnis und entstehe am Bilanzstichtag[118]. Ohne eine klare gesetzliche Anordnung oder eine individualvertragliche Vereinbarung kann sich kein abweichender Fälligkeitszeitpunkt für beide Ansprüche ergeben[119]. § 302 Abs. 1 AktG kann nicht entnommen werden, dass von der bilanziellen Betrachtungsweise für den Verlustausgleich abgewichen werden soll. Demgegenüber würde die Annahme einer ergänzenden Vertragsauslegung hin zu einer zeitlich nachgelagerten Fälligkeit zu einer Gefährdung der Interessen von außenstehenden Gesellschaftern und Gesellschaftsgläubigern führen, wenn das beherrschende Unternehmen durch die Hinauszögerung der Bilanzfeststellung die Fälligkeit der hieraus resultierenden Ansprüche beeinflussen könnte[120].

Es ist daher angezeigt, in Anlehnung an § 271 BGB, von einer sofortigen Fälligkeit beider Ansprüche aus dem Gewinnabführungsvertrag auszugehen[121]. Eine abschließende Entscheidung des BFH steht in diesem Zusammenhang noch aus.

b) Verzinsung

Grundsätzlich ist die Gewinnabführung ab Fälligkeit mit fünf Prozent zu verzinsen, §§ 353 S. 1, 352 Abs. 2 HGB. Die unterlassene oder unzutreffende Verzinsung hat jedoch nach einhelliger Auffassung keine Auswirkung auf die tatsächliche Durchführung[122].

---

[117] BGH, Urt. v. 11.10.1999, II ZR 120/98, DB 1999, 2457; BGH, Urt. v. 14.02.2005, II ZR 361/02, GmbHR 2005, 628; BGH, Urt. v. 16.06.2015, II ZR 384/13, GmbHR 2015, 985; vgl. ferner: *Spindler/Klöhn*, NZG 2005, 584; *Görden*, GmbH-StB 2005, 166; *Neumann*, in: *Gosch*, § 14 KStG, Rn. 318a; **a.A.**: *Kleindiek*, ZGR 2001, 479 (484).

[118] *Rode*, in: *Brandis/Heuermann*, § 14 KStG, Rn. 141.

[119] Grundgedanke des § 271 BGB, Vgl. *Krüger*, in: MüKo-BGB, § 271 Rn. 2; so auch: *Neumann*, in: *Gosch*, § 14 KStG, Rn. 318a; *Hageböke*, DB 2015, 1993 (1994); *Philippi/ Fickert*, BB 2006, 1809 (1810).

[120] BGH, Urt. v. 11.10.1999 - II ZR 120/98, NJW 2000, 210 (210).

[121] So auch: *Ebber*, in: *Micker/Pohl*, BeckOK, § 14 KStG, Rn. 453; *Neumann*, in: *Gosch*, § 14 KStG, Rn. 318a.

[122] BMF, Schr. v. 15.10.2007 - IV B 7 - S 2770/0, BStBl. I 2007, 765; BayLfSt., Schr. v. 10.04.2007 - S 2770 - 17 St 3106 M, DStR 2007, 994; *Walter*, in: *Bott/Walter*, § 14 KStG, Rn. 649; *Ebber*, in: *Micker/Pohl*, BeckOK, § 14 KStG, Rn.454; *Baldamus*, Ubg

c) Erfüllungszeitraum

Ebenso offen ist die Frage, in welchen Zeitraum die tatsächliche Erfüllung der Ergebnisabführung erfolgen muss. Während ein Teil der Literatur der Auffassung ist, dass dies innerhalb eines angemessenen Zeitraums nach Schluss des entsprechenden Wirtschaftsjahrs geleistet muss[123], lässt ein anderer Teil der Literatur eine Erfüllung bis nach Ende der Organschaft genügen[124].

Betrachtet man die zeitliche Perspektive eines Gewinnabführungsvertrages, sollte jedoch eine zeitnahe Erfüllung die tatsächliche Durchführung effektiver sicherstellen als eine unbegrenzte „Aufschiebung". Tritt die Erfüllung erst viele Jahre nach Fälligkeit des Gewinnabführungsanspruchs ein, setzt sich die Organgesellschaft wohl zurecht dem Vorwurf der bloßen Verbindlichkeiteneinbuchung aus[125]. Immerhin steht auch der BFH dieser ablehnend gegenüber[126].

Die (fremdübliche[127]) „zeitnahe" Erfüllung innerhalb von drei bis zwölf Monaten[128] dürfte demnach ausreichen, um eine tatsächliche Durchführung hinreichend zu belegen. Dieser Annahme folgte jüngst auch das FG Köln[129]. Der BFH wird sich hierzu voraussichtlich im anhängigen Revisionsverfahren äußern[130].

2009, 484 (494); *Wernicke/Scheunemann*, DStR 2006, 1399; *Behrens/Renner*, AG 2007, 278; **a.A.** bei **vertraglich vereinbarter Verzinsung**: *Prokopf*, DB 2007, 900. Zur Verzinsung bei **Rückwirkender Heilung von Bilanzierungsfehlern**, vgl. OFD Karlsruhe v. 16.1.2014, S 277.0/52/2-St 221, FR 2014, 434.

123 *Rode*, in: *Brandis/Heuermann,* § 14 KStG, Rn. 138; *Neumann*, in: *Gosch*, § 14 KStG, Rn. 318b; *Herkens,* Ubg 2023, 148 (154).

124 *Walter*, in: *Bott/Walter*, § 14 KStG, Rn. 653; *Kolbe*, in: *Prinz/Witt*, Rn. 13.07; *Baldamus*, Ubg 09, 484, 491; *Füger/Rieger/Schell,* DStZ 2015, 404 (412); *Gänsler*, Ubg 2014, 701 (705).

125 So auch: *Rode*, in: *Brandis/Heuermann*, § 14 KStG, Rn. 138.

126 BFH, Urt. v. 26.04.2016 – I B 77/15, BeckRS 2016, 94928 Rn. 10; BFH, Urt. v. 05.04.1995 – I R 156/93, DStR 95, 1109.

127 FG Köln, Urt. v. 21.6.2022 – 10 K 1406/18, DStRE 2023, 271 Rn. 99.

128 Zumindest wenn keine besonderen betrieblichen Gründe für einen längeren Zeitraum sprechen. Vgl.: *Kolbe*, in: *Herrmann/Heuer/Raupach*, § 14 KStG, Rn. 203; *Suchanek/Herbst*, FR 2005, 665 (666); *Ebber*, in: *Micker/Pohl*, BeckOK, § 14 KStG, Rn. 425.

129 FG Köln, Urt. v. 21.6.2022 – 10 K 1406/18, DStRE 2023, 271 Rn. 99.

130 Az. I R 37/22.

d) Formen der Erfüllung

Die konkrete Form der tatsächlichen Erfüllung ergibt sich regelmäßig aus der vertraglichen Vereinbarung[131]. Jedoch muss die Erfüllung auch zu einer tatsächlichen Tilgung der Ansprüche führen. Ohne dies gilt der Gewinnabführungsvertrag als nicht durchgeführt[132].

i) Erfüllung durch Leistung

Der Anspruch des Organträgers auf Ergebnisabführung ist ein Geldleistungsanspruch und grundsätzlich durch Zahlung des entsprechenden Geldbetrags (§ 362 BGB) oder einer Leistung an Erfüllungs statt (§ 364 BGB) zu erfüllen[133]. Auch unterjährige Vorauszahlungen sind zulässig[134].

ii) Verrechnung

Ist der Organträger zugleich Schuldner einer werthaltigen[135] Forderung der Organgesellschaft, kann die Tilgung der Ansprüche auch durch Aufrechnung (§§ 387 ff. BGB) erreicht werden[136].

iii) Dauerhafte Wiedereinlage

Wird der Gewinnabführungsanspruch mit einer Wiedereinlageverpflichtung zwischen Organträger und Organgesellschaft aufgerechnet, schadet dies der tatsächlichen Durchführung des Gewinnabführungsvertrag

---

[131] BFH, Urt. v. 21.10.2010 - IV R 21/07, FR 2011, 322: „*Tatsächlich durchgeführt wird ein EAV [...], wenn er entsprechend den vertraglichen Vereinbarungen vollzogen wird, also die [...] Gewinne tatsächlich* ***vertragsgemäß*** *an den Organträger abgeführt werden*"; BFH, Urt. v. 05.04.1995 - I R 156/93, FR 1995, 547.

[132] *Herkens,* Ubg 2023, 148 (151).

[133] *Lohmar*, in: *Lademann*, § 14 KStG Rn. 371; *Priester*, BB 2005, 2487; *Tielmann/Wolf*, DStR 2006, 1947; zur schuldrechtlichen **Weitergabe des Gewinns** von Organträger an Dritten, vgl. BFH, Urt. v. 31.03.1976 – I R 123/74, BFHE 118, 459.

[134] Vgl. nur: *Oblig*, in: *Streck*, § 14 KStG Rn. 134.

[135] BGH, Urt. v. 10.06.2006 – II ZR 238/04, BGHZ 168, 285-295 (juris), Rn. 11; *Baldamus*, Ubg 2009, 484 (493); *Neyer/Schlepper*, BB 2007, 413; *Suchanek*, FR 2006, 872.

[136] BFH, Urt. v. 26.04.2016, I B 77/15 (juris), Rn. 10. Befindet sich die Organgesellschaft dagegen in der Krise, folgt aus § 30 GmbHG eine Einrede, die der Aufrechnung mit der bestehenden Forderung gem. § 390 BGB entgegensteht. Vgl. BGH, Urt. v. 10.06.2006 – II ZR 238/04, BGHZ 168, 285-295 (juris); *Suchanek/Herbst*, FR 2005, 665 (666); **a.A.**: *Lohmar*, in: *Lademann*, § 14 KStG Rn. 371.

prinzipiell nicht[137]. Einzelne Stimmen aus Literatur und Finanzverwaltung[138] vertreten, dass die dauerhafte Wiedereinlage im wirtschaftlichen Ergebnis der Nichtabführung des Gewinns gleichsteht[139]. Daher müssten besondere betriebliche Umstände die dauerhafte Widereinlage rechtfertigen[140]. Dem ist jedoch nicht zu folgen. Nach Rechtsprechung des BFH ist die Wiedereinlage abgeführter Gewinne grundsätzlich zulässig[141]. Es steht dem Organträger also frei, die Gewinnabführung als Einlage in die Kapitalrücklagen der Organgesellschaft zurückzuführen. Ohne gesetzliche Grundlage kann es dabei nicht von Bedeutung sein, ob der Organträger diese jährlich einzeln als Bareinlage leistet, oder ob die Einlage aufgrund einer Wiedereinlagevereinbarung mittels Aufrechnung vollzogen wird[142].

Eine dauerhafte Wiedereinlagevereinbarung steht der tatsächlichen Durchführung demnach nicht entgegen.

iv) Stundung

Folgerichtig steht eine zivilrechtliche Stundung der Ansprüche aus dem Gewinnabführungsvertrag stets der tatsächlichen Durchführung entgegen, wenn diese hierdurch nicht mehr in einem angemessenen Zeitraum erfüllt werden[143].

v) Novation

Um die tatsächliche Durchführung nicht zu gefährden, sollte ein fälliger Gewinn, der nicht abgeführt werden soll, in eine entsprechende Forderung einer Darlehensverbindlichkeit umgewandelt werden[144]. Jüngst bestätigte das FG Hamburg, dass bei der tatsächlichen Durchführung des

---

137 *Rode*, in: *Brandis/Heuermann*, § 14 KStG, Rn. 138b.

138 Kolbe, in: *Herrmann/Heuer/Raupach*, § 14 KStG, Rn. 204; **a.A.**: *Walter*, in: *Bott/Walter*, § 14 Rn. 654; *Frotscher*, in: *Frotscher/Drüen*, § 14 KStG, Rn. 449b; *Beinert/Nees*, in: *Prinz/Witt*, Rz. 3.60.

139 *Kolbe*, in: *Herrmann/Heuer/Raupach*, § 14 KStG, Rn. 204.

140 *Schell/Schrade,* DStR 2017, 86 (87).

141 Nach Auffassung des BFH ist die Wiedereinlage keine missbräuchliche Variante des „Hol-Zurück"-Verfahrens. Vgl. BFH, Urt. v. 19.08.1999 – I R 77/96, DStR 1999, 1849.

142 So auch: *Schell/Schrade,* DStR 2017, 86 (89).

143 Vertiefend: *Gänsler*, Ubg 2014, 701 (702). **a.A.** für ein „**Stillhalteabkommen**", vgl. *Hoffmann/Theusinger*, NZG 2014, 1170.

144 *Walter*, in: *Bott/Walter*, § 14 Rz. 653; *Kolbe*, in: *Herrmann/Heuer/Raupach*, § 14 KStG, Rn. 204; **a.A.**: *Suchanek/Herbst*, FR 2005, 665 (666).

Abführungsvertrags kein Zufluss des Geldes erforderlich ist. Die Konditionen des durch die Novation gewährten Darlehens seien zwar für die Prüfung einer verdeckten Gewinnausschüttung, aber nicht für die Frage der Durchführung entscheidend[145].Die Novation der Ergebnisübernahme[146] hindert die Vertragsdurchführung demnach nicht[147].

vi) Kontokorrentkonto

Wird die Ergebnisforderung auf einem Kontokorrentkonto (§ 355 HGB) verbucht, erlischt die Ergebnisübernahme bei Saldenschluss durch Verrechnung und Saldoanerkenntnis[148]. Der Gewinnabführungsvertrag gilt regelmäßig im Zeitpunkt des Ausgleichs des Verrechnungskontos als durchgeführt[149], soweit der Gläubiger über das Guthaben verfügen kann[150]. Eine konzerninterne Cash-Pooling-Vereinbarung ist entsprechend dem Kontokorrentverhältnis auch zur Durchführung des Gewinnabführungsvertrags geeignet[151].

vii) Erlass

Verzichtet der Organträger auf die Abführung des Gewinns wird der Gewinnabführungsvertrag dagegen nicht durchgeführt. Das zivilrechtliche

---

145 FG Hamburg, Urteil vom 30.05.2022 – 6 K 182/20 (juris) Rn. 77. Vgl. ferner: *Herkens*, Ubg 2023, 148 (154); *Ebber*, in: *Micker/Pohl*, BeckOK, § 14 KStG, Rn. 425a.

146 Vereinzelt wird in der Literatur vertreten, dass ein Verstoß gegen § 30 GmbHG wegen verbotener Einlagenrückgewähr für die tatsächliche Durchführung schädlich sein soll. Vgl. *Kolbe*, in: *Herrmann/Heuer/Raupach*, § 14 KStG, Rn. 204.

147 Der BFH hat hierzu noch nicht Stellung genommen. Die Nichtzulassungsbeschwerde gegen das Urteil des FG Hamburg war unzulässig. Vgl.: *Rode*, in: *Brandis/Heuermann*, § 14 KStG, Rn. 138.

148 *Lohmar*, in: *Lademann*, § 14 KStG Rn. 367; *Suchanek*, FR 2006, 872 (874); **a.A.**: *Melan/Karrenbrock*, FR 2009, 757 (761).

149 FG Nürnberg, Urt. v. 11.12.2008 - 1 K 483/17, EFG 2020, 479, im Revisionsverfahren offengelassen. Vgl. BFH, Urt. v. 02.11.2022 - I R 29/19, DStR 2023, 264. Die bloße Verbuchung auf dem Verrechnungskonto reicht aber nicht aus, wenn es nicht auch zu einem Ausgleich kommt. Vgl. FG Köln, Urt. v. 21.06.2022 - 10 K 1406/18, EFG 2022, 1940, Rev.- Az.: I R 37/22.

150 FG Düsseldorf, Urt. v. 27.03.2007 – 3 K 4024/05 F, EFG 2007 S. 1104.

151 *Herkens*, Ubg 2023, 148 (153); *Suchanek/Herbst*, FR 2005, 665 (669). Nach *Neumann*, in: *Gosch*, § 14 KStG Rn. 318b, darf das Cash-Pooling aber nicht nur als zusammenfassende Abbildung der liquiden Mittel des Konzerns dienen, sondern muss Leistungs-Ansprüche individuell darstellen. Vgl. ferner: *Thoß*, DB 2007, 206; **a.A.:** *Altmeppen*, NZG 2010, 361.

Erlöschen der Forderung (§ 397 BGB) ist für die wirtschaftliche Betrachtung des § 14 Abs. 1 KStG unerheblich[152].

3. Maßstäbe für den Vollzug des Gewinnabführungsvertrags

Die Organgesellschaft ist verpflichtet den bilanziell ermittelten Gewinn betragsmäßig identisch an den Organträger abzuführen. Die Beteiligung eines typisch stillen Gesellschafters ist – anders als der atypisch Beteiligte – für die Abführung des gesamten Gewinns unschädlich. Die bloße Bilanzierung der Ansprüche ist nicht ausreichend, den Gewinnabführungsvertrag zu vollziehen. Vielmehr müssen die Ansprüche bzw. Verbindlichkeiten erfüllt werden. Entstehung und Fälligkeit des Gewinnabführungsanspruchs fallen einheitlich auf den Bilanzstichtag. Eine unterlassene Verzinsung ist für die tatsächliche Durchführung unschädlich.

Regelmäßig werden die Ansprüche aus der Ergebnisabführung innerhalb eines angemessenen Zeitraums durch Geldleistung erfüllt. Jedoch kann die

Erfüllung auch durch Aufrechnung, Wiedereinlage oder Novation erfolgen. Stundung, Verzicht oder Erlass der Forderung stehen der tatsächlichen Durchführung jedoch entgegen.

---

152 FG Münster, Urt. v. 20.08.2014 - 10 K 2192/13 F, GmbHR 2014, 1326 Rn. 28; *Kolbe*, in: *Herrmann/Heuer/Raupach*, § 14 KStG, Rn. 204; Siehe auch: R 8.9 KStR.

IV. Geltungsbereich

Die Rechtsfolge der tatsächlichen Durchführung des Gewinnabführungsvertrags besteht einheitlich in der Einkommenszurechnung der Organgesellschaft zum Organträger. Die Rechtsfolge der Nichtdurchführung hängt dagegen davon ab, ob das betreffende Wirtschaftsjahr innerhalb oder außerhalb der Mindestvertragslaufzeit von fünf Jahren liegt (§ 14 Abs. 1 S. 1 Nr. 3 S. 1 KStG)[153].

1. Innerhalb der Mindestvertragslaufzeit

Dem Grunde nach führen Verstöße gegen die tatsächliche Durchführung innerhalb der Mindestvertragslaufzeit zu einer Nichtanerkennung der Organschaft von Beginn an[154].

a) Auffassung der Rechtsprechung (Az. I R 29/19)

Das FG Nürnberg[155] sprach sich in diesem Zusammenhang zuletzt für eine Ausnahme von der Regel aus.

In der Streitsache hatte das Gericht zu entscheiden, ob die Insolvenz der Organgesellschaft vor Ablauf der Mindestvertragslaufzeit zu einer rückwirkenden Nichtanerkennung der ertragsteuerlichen Organschaft führt. Zum Zeitpunkt der Eröffnung des Insolvenzverfahrens bestand der Gewinnabführungsvertrag erst für vier Jahre[156].

Das FG Nürnberg ging dennoch von einer Anerkennung der Organschaft aus, da die Organgesellschaft bis zum Tag der Insolvenz ihre Gewinne und Verluste täglich über ein Verrechnungskonto an den Organträger abgeführt hatte und dies auch in einem Entwurf für einen Jahresabschluss ausgewiesen wurde. Aus Gründen des Missbrauchsschutzes dürfte es in Analogie zur außerordentlichen Kündigung (§ 14 Abs. 1 S. 1 Nr. 3 S. 2 KStG) nicht dem Insolvenzverwalter überlassen sein, durch das Aufstellen oder Nichtaufstellen eines Jahresabschlusses über die Anerkennung der Organschaft

---

[153] *Beinert/Nees*, in: *Prinz/Witt*, Rn. 11.56; für die unterjährige **Verschmelzung** einer Organgesellschaft, vgl. *Stangl/Aichberger*, Ubg 2013, 685.

[154] R 14.5 Abs. 8 Nr. 1 KStR 2022.

[155] FG Nürnberg, Urt. v. 11.12.2018 - 1 K 483/17, GmbHR 2020, 340.

[156] FG Nürnberg, Urt. v. 11.12.2018 - 1 K 483/17, GmbHR 2020, 340, Rn. 1 – 20.

zu entscheiden[157]. Der BFH hob die Entscheidung des FG auf[158]. Der Wortlaut des § 14 Abs. 1 S. 1 Nr. 3 S. 2 KStG betreffe ausschließlich die vertragliche Kündigung. Der Ausnahmecharakter spreche gegen eine Ausdehnung der Vorschrift im Wege einer Analogie[159].

b) Auffassung der Literatur

Der überwiegende Teil der Literatur folgt dem BFH. Die Ausführungen des Senats seien als folgerichtig zu werten[160].

Einzelne Stimmen sprechen sich demgegenüber für eine Analogie des § 14 Abs. 1 S. 1 Nr. 3 S. 2 KStG aus[161]. Dem BFH sei zwar darin zuzustimmen, dass der Gesetzeswortlaut eindeutig auf die vorzeitige Beendigung des Vertrages abziele. Gleichwohl könne insbesondere im Falle der insolvenzbedingten Nichtdurchführung des Gewinnabführungsvertrags Satz 2 im Wege einer teleologischen Auslegung zu erweitern sein. Wenn die Eröffnung des Insolvenzverfahrens nach herrschender Meinung[162] ein wichtiger Grund für ein Beendigung des Gewinnabführungsvertrag darstellt, sollen hiernach auch die Folgen der Kündigung unschädlich bleiben[163].

c) Stellungnahme

Betrachtet man die bisherige Rechtsprechung des BFH, sollte man meinen, dass das FG Nürnberg für das Insolvenzverfahren eine notwendige

---

157 Darüber hinaus nahm das FG an, dass der Entwurf eines Jahresabschlusses für die tatsächliche Durchführung des Gewinnabführungsvertrags genüge. Vgl. FG Nürnberg, Urt. v. 11.12.2018 - 1 K 483/17, GmbHR 2020, 340 Rn. 97.

158 BFH, Urt. v. 02.11.2022 – I R 29/19, DStR 2023, 264.

159 In Bezug auf den Entwurf entschied das Gericht, dass ein vorläufiger Jahresabschluss für die tatsächliche Durchführung nicht genüge, wenn das endgültige Jahresergebnis in jeden Fall von dem im Entwurf ausgewiesenen Ergebnis abweicht. Der Senat bestätigte damit – wie thematisiert – die herrschende Meinung, wonach sich die tatsächliche Gewinnabführung an der fiktiven Größe des handelsrechtlich korrekt ermittelten Jahresergebnisses orientiert. Vgl. BFH, Urt. v. 02.11.2022 – I R 29/19, DStR 2023, 264.

160 *Uhländer*, BB 2023, 1185; *Günther*, EStB 2023, 143; *Kahlert*, EWiR 2023, 211; *Schimmele*, GmbH-StB 2023, 95; *Witt*, HFR 2023, 593; *Schmittmann*, NZI 2023, 282; *Brandt*, StBp 2023, 205.

161 *Kahlert*, DStR 2014, 73; *Solowjeff*, FR 2023, 360.

162 Vgl. nur: *Neumann*, in: *Gosch*, § 14 KStG, Rn. 296; *Krumm*, in: *Brandis/Heuermann*, § 14 KStG, Rn. 165.

163 *Kahlert*, DStR 2014, 73 (76).

Ausnahme gefunden hat. Immerhin soll die Organschaft nach Rechtsprechung des ersten Senats nicht zum Zwecke der willkürlichen Beeinflussung der Besteuerung und zu Einkommensverlagerungen von Fall zu Fall abgeschlossen bzw. beendet werden können[164]. Im vorliegenden Sachverhalt hätte der Insolvenzverwalter über das Aufstellen oder Nichtaufstellen über die Anerkennung der Organschaft entscheiden können. Folgerichtig würde die Analogie eine Missbrauchsmöglichkeit verhindern[165].

Entgegen der Auffassung im parallelen Verfahren in Sachen I R 37/19[166] entschied sich der BFH jedoch gegen den Missbrauchsschutz und folgte dem Gesetzeswortlaut. Demzufolge scheitert eine Analogie schlicht an der Regelungslücke. Der Gesetzgeber beziehe sich in § 14 Abs. 1 S. 1 Nr. 3 S. 2 KStG ausdrücklich nur auf die Mindestvertragslaufzeit des Gewinnabführungsvertrags. Daran habe er auch im Zuge der Einführung der Heilungsmöglichkeit nach § 14 Abs. 1 S. 1 Nr. 3 S. 4 KStG festgehalten[167]. Im Kontext der parallelen Entscheidung wirft das Urteil Fragen in Bezug auf die Rechtsauslegung des ersten Senats auf. Anders als die schwach argumentierte Begründung zu I R 37/19 führt das FG Nürnberg durchdachte und teleologisch gewichtige Gründe für eine Analogie zum Zwecke des Missbrauchsschutzes an[168]. Während sich der Senat in Sachen I R 37/19 noch generell für die Notwendigkeit der Missbrauchsverhinderung ausspricht[169], bezeichnet er die Ausführungen des FG in der Entscheidung lediglich als rechtsfehlerhaft ohne zu begründen, weshalb hier kein Missbrauchsschutz nötig ist[170].

Unabhängig von der Begründung ist der Auffassung des Senats zuzustimmen. Die tatsächliche Durchführung erfordert stets ein Mindestmaß an Maßnahmen. Entscheidet sich der Steuerpflichtige gegen die notwendigen

---

164 BFH, Urt. v. 03.03.2010 – I R 68/09, RNotZ 2010, 420 (421).

165 FG Nürnberg, Urt. v. 11.12.2018 - 1 K 483/17, BeckRS 2018, 49718, Rn. 112 ff.

166 Siehe: B. II. 1. Auffassung der Rechtsprechung (Az. I R 37/19).

167 Vgl. Begründung des Gesetzentwurfs, BT-Drucks. 12/1108, S. 67; BFH, Urt. v. 02.11.2022 – I R 29/19, DStR 2023, 264, Rn. 40 ff.

168 So auch: *Brühl*, GmbH-StB 2020, 340 (348).

169 BFH, Urt. v. 02.11.2022 – I R 37/19, DStR 2023, 268, Rn. 17.

170 BFH, Urt. v. 02.11.2022 – I R 29/19, DStR 2023, 264, Rn. 43 f.: „*Schließlich ist auch eine analoge Anwendung des § 14 Abs. 1 S. 1 Nr. 3 S. 2 KStG ausgeschlossen. Gegen eine Ausdehnung dieser Vorschrift im Wege der Analogie spricht ebenfalls der Ausnahmecharakter der Regelungen über die Organschaft. Im Übrigen ist keine Regelungslücke erkennbar*“. Auch leuchtet nicht ein, warum der Ausnahmecharakter gegen die Analogie sprechen sollte.

Maßnahmen, ist die Aberkennung der Organschaft kein rechtsmissbräuchliches „Abschalten“, sondern die ordnungsgemäße und gesetzlich definierte Rechtsfolge. Eine vor Abschluss dieser Maßnahmen eintretende Insolvenz ändert daran nichts[171].

2. Außerhalb der Mindestvertragslaufzeit

Außerhalb der Mindestvertragslaufzeit führt die Nichtdurchführung zur Aberkennung der Organschaft für das betreffende Wirtschaftsjahr[172].

Wird der Abführungsvertrag im darauffolgenden Jahr erneut durchgeführt, soll dies nach Auffassung der Finanzverwaltung zu einem Neubeginn der Fünf-Jahres-Frist führen[173]. Dem ist nicht zu folgen. Es besteht kein Anlass für eine rückwirkende Nichtanerkennung der Vertragslauzeit. Die Organschaft ist vielmehr ab dem Jahr wieder anzuerkennen, in dem der Vertrag wieder tatsächlich durchgeführt wird[174].

---

[171] So auch: BFH, Urt. v. 02.11.2022 – I R 29/19, DStR 2023, 26, Rn. 44.

[172] Vgl. nur: *Rödder/Liekenbrock*, in: *Rödder/Herlinghaus/Neumann*, § 16 KStG, Rn. 315.

[173] R 14.5 Abs. 8 Nr. 2 KStR 2022.

[174] *Walter*, in: *Bott/Walter*, § 14 KStG, Rn. 723, *Krumm*, in: *Brandis/Heuermann*, § 14 KStG, Rn. 132; *Scheifele/Marx,* DStR 2014, 1793 (1799); *Olbing*, GmbH-StB 2011, 281; *Schneider/Hinz*, Ubg 2009, 738 (739).

V. Allgemeine Maßstäbe für die tatsächliche Durchführung des Gewinnabführungsvertrags nach § 14 Abs. 1 KStG

Durch das Erfordernis der tatsächlichen Durchführung, ist die Organgesellschaft verpflichtet, ihr Jahresergebnis an den Organträger abzuführen.

Weicht die Abführung an den Organträger wegen dem fehlerhaften Ansatz von Bilanzpositionen vom objektiv zutreffenden handelsrechtlichen Jahresergebnis ab, kann der Bilanzierungsfehler in der Regel durch die gesetzliche Fiktion der tatsächlichen Durchführung oder durch Rückwärtsberichtigung der Handelsbilanz geheilt werden. Ist ein Bilanzierungsfehler so unwesentlich, dass die Handelsbilanz nicht zu korrigieren ist, ist dieser auch für Zwecke des § 14 Abs. 1 KStG unbeachtlich. Dagegen ist der Gewinnabführungsvertag als nicht durchgeführt anzusehen, wenn die Handelsbilanz der Organgesellschaft im Rahmen der subjektiven Erkennbarkeit unter offensichtlichen oder wesentlichen Fehler leidet.

Die Organgesellschaft ist verpflichtet, den bilanziell ermittelten Gewinn als Verbindlichkeit gegenüber dem Organträger in der Handelsbilanz auszuweisen und diesen zeitlich nachgelagert betragsmäßig identisch an den Organträger abzuführen. Die Beteiligung eines typisch stillen Gesellschafters ist – anders als der atypisch still Beteiligte – für die Abführung des gesamten Gewinns unschädlich. Regelmäßig müssen die Ansprüche aus der Ergebnisabführung innerhalb eines angemessenen Zeitraums durch Geldleistung erfüllt werden. Jedoch kann die Erfüllung auch durch Aufrechnung, Wiedereinlage oder Novation erfolgen. Stundung, Verzicht oder Erlass steht der tatsächlichen Durchführung entgegen. Eine unterlassene Verzinsung ist dagegen unbeachtlich.

Ein Verstoß gegen die tatsächliche Durchführung innerhalb der Mindestvertragslaufzeit führt grundsätzlich zur rückwirkenden Aberkennung der Organschaft für alle Veranlagungszeiträume. Wird der Gewinnabführungsvertrag in einem späteren Jahr erneut durchgeführt, beginnt die Mindestlaufzeit von fünf Jahren erneut[175]. Außerhalb der Mindestvertragslaufzeit führt die Nichtdurchführung zur Aberkennung der Organschaft für das betreffende Wirtschaftsjahr. In späteren Jahren ist die Organschaft wieder anzuerkennen.

---

[175] Vgl. nur: *Kolbe*, in: *Herrmann/Heuer/Raupach*, § 14 KStG, Rn. 160.2.

C. Ausblick

Ohne klare gesetzliche Vorgaben für die tatsächliche Durchführung des Gewinnabführungsvertrags, bleibt die hier gezeigte Darstellung von Maßstäben eine Momentaufnahme.

Die ertragsteuerliche Organschaft unterliegt einem stetigen Wandel, der durch Literatur und Rechtsprechung kontinuierlich vorangetrieben wird. Insbesondere im Hinblick auf die beim BFH anhängigen Revisionsverfahren, wird in naher Zukunft mit einer Fortentwicklung des Meinungsbilds zu rechnen sein[176]. So werden auch weiterhin Zweifelsfragen und Rechtsunsicherheiten um die Auslegung des Gesetzeswortlauts bestehen. Denn eine abschließende Abhandlung aller Rechtsprobleme ist weder in Rechtsprechung noch in Literatur möglich. Dies vermag nur eine gesetzliche Klarstellung zu erreichen.

Umso klarer zeigt sich die andauernde Aktualität des Reformbedarfs. Wie schon vor zwölf Jahren im Reformvorschlag des Instituts Finanzen und Steuern e.V. formuliert[177]:

> ***„Zentrale Ziele des Reformvorschlags***
>
> *1. […] Das zentrale Reformziel liegt in der Vereinfachung und der Erhöhung der Rechtssicherheit im Bereich der Gruppenbesteuerung. Vollzugsdefizite und Planungsrisiken aufgrund verunglückter Organschaften müssen reduziert werden. Infolge eines einfacheren und anwenderfreundlichen Konzepts sinken sowohl für die Unternehmen als auch für die Finanzverwaltung die Befolgungskosten“*[178].

Eine umfassende und zeitgemäße Anpassung der gesetzlichen Grundlagen ist entscheidend, um Rechtssicherheit und Klarheit zu gewährleisten.

---

176 Vgl. nur: Rev.-Az.: I R 23/21 (atypisch stille Beteiligung); Rev.-Az.: I R 12/21 (Holding als Organträger); Rev.-Az.: I R 37/22 (Rumpfwirtschaftsjahr); Rev.-Az.: I R 18/23 (zeitnahe Erfüllung); Rev.-Az.: I R 20/22 (Negative Einkünfte).

177 4 von 8 Mitgliedern der IFSt-Arbeitsgruppe v. 2011 (*Hey / Hirte / Kessler / Rödder*) stimmen auf Anfrage der Aussage zu, dass die Thesen, die im Reformvorschlag v. 2011 aufgestellt wurden, bis heute **nicht an Gültigkeit verloren** haben. Weitere 4 von 8 Mitgliedern (*Haas / Herzig / Kröner / Rennings*) ließen die Anfrage unbeantwortet. Vgl. hierzu: **Umfrage unter den Mitgliedern der IFSt-Arbeitsgruppe v. 2011**; abgedruckt im Anhang d. Untersuchung.

178 *Hey et al.*, IFSt-Schriften Nr. 471 (2011), S. 38.

Quellen- und Literaturverzeichnis

Adrian, Gerrit / Fey, Julian	Tatsächliche Durchführung von Ergebnisabführungsverträgen, StuB 9/2023, S. 361 – 368.
Altmeppen, Holger	Cash Pooling und Kapitalerhaltung bei bestehendem Beherrschungs- oder Gewinnabführungsvertrag, NZG 2010, S. 361 – 368.
Baldamus, Ernst-August	Durchführung von Gewinnabführungsverträgen – zu § 14 KStG und § 302 AktG nach MoMiG und BilMoG (§ 302 AktG), Ubg 2009, S. 484 – 495.
Behrens, Stefan / Renner, Georg	Verzinsung von Ansprüchen aus Ergebnisabführungsverträgen, AG 2007, S. 278 – 280.
Berger, Ralf	Durchführung eines Ergebnisabführungsvertrags bei vorvertraglichem Verlustvortrag der Organgesellschaft, DB 2005, S. 903 – 906.
Berninger, Axel	Errichtung einer stillen Gesellschaft an einer Tochter-AG bei bestehendem Beherrschungs- und Gewinnabführungsvertrag zwischen Mutter- und Tochter-AG, DB 2004, S. 297 – 300.
Binnewies, Burkhard / Mühling, Moritz	Voraussetzungen der Durchführung eines GAV, AG 2020, S. 176 – 178.
Birk, Dieter	Verfassungskonforme Auslegung im Steuerrecht, StuW 1990, S. 300 – 308.
Böcking, Hans-Joachim / Wirth, Willy	Objektiver Fehler und Wesentlichkeit, WPg 2019, S. 1260 – 1265.
Böcking, Hans-Joachim et al. (Hrsg.)	Beck´sches Handbuch der Rechnungslegung, Band 1, 70. Ergänzungslieferung, 2023.
Borggräfe, Joachim	Chancen und Risiken einer Konzernbesteuerung, WPg 1995, S. 129 – 140

Bott, Harald / Walter, Wolfgang (Hrsg.) — Kommentar zum Körperschaftsteuergesetz, 171. Ergänzungslieferung, 2023.

Brandis, Peter / Heuermann, Bernd (Hrsg.) — Kommentar zum Ertragssteuerrecht, 168. Ergänzungslieferung, 2023.

Brandt, Jürgen — Nichtdurchführung eines Gewinnabführungsvertrages wegen fehlerhaften Jahresabschlusses bei Insolvenz der Organgesellschaft, StBp 2023, S. 205 – 206.

Brinkmann, Michael — Stille Beteiligung an einer Organgesellschaft möglich, StBp 2015, S. 277 – 283.

Brühl, Manuel — Insolvenzbedingte, vorzeitige Beendigung und Nichtdurchführung eines Gewinnabführungsvertrags, GmbHR 2020, S. 340 – 348.

Brühl, Manuel / Weiss, Martin — Ertragsteuerliche Organschaft: Keine Vertragsdurchführung bei unterlassenem Ausweis des Verlustausgleichsanspruchs in der Bilanz, DK 2019, S. 450 – 452.

Dötsch, Ewald — Steuerschädliche Zuviel- oder Zuwenig-Abführungen bei Organschaft, DK 2012, S. 104 – 106.

Dötsch, Ewald — Ausgewählte Einzelfragen zur Organschaftsbesteuerung, DK 2004, S. 273 – 277.

Dötsch, Ewald / Pung, Alexandra — Gesetz zur Änderung und Vereinfachung der Unternehmensbesteuerung und des steuerlichen Reisekostenrechts: Die Änderungen bei der Organschaft, DB 2013, S. 305 – 314.

Emmerich, Volker / Habersack, Mathias — Aktien- und GmbH-Konzernrecht, 10. Auflage, 2023.

Engeln, Leonie Tatsächliche Durchführung eines Gewinnabführungsvertrags, FR 2023, S. 356 – 360.

Ernst & Young Wirtschaftsprüfungsgesellschaft mbH (Hrsg.) Kommentar zum Körperschaftsteuergesetz 52. Ergänzungslieferung, 2006 (Altauflage).

Forst, Tom / Suchanek, Markus / Klopsch, Wolfgang Handelsrechtliche Bilanzierungsfehler und ihre Auswirkungen auf die tatsächliche Durchführung eines Gewinnabführungsvertrags,GmbHR 2013, S. 914 – 922.

Frotscher, Gerrit / Drüen, Klaus-Dieter (Hrsg.) Kommentar zum Körperschaftsteuergesetz, 170. Ergänzungslieferung, 2023.

Füger, Rolf / Rieger, Norbert / Schell, Matthias Die Behandlung von Ergebnisabführungsverträgen beim Unternehmenskauf – gesellschafts-, steuer- und insolvenzrechtliche Aspekte, DStZ 2015, S. 404 – 424.

Gänsler, Katrin Die tatsächliche Durchführung von Gewinnabführungsverträgen – Eine Frage des Timings, Ubg 2014, S. 701 – 705.

Gerth, Axel Organschaftserklärungen als Kreditsicherheit, AG 1989, S. 94 – 98.

Goebel, Sören / Ungemach, Markus Neuregelung bei der Besteuerung ertragssteuerrechtlicher Organschaften mit Auslandsbezug, NWB 2013, S. 595 – 605.

Göllner, Carsten Tatsächliche Durchführung eines Ergebnisabführungsvertrags, EFG 2019, S. 1714 – 1717.

Görden, Ludwig Ausschluss eines Gesellschafters aus der GmbH, GmbH-StB 2005, S. 166 – 167.

Gosch, Dietmar (Hrsg.) Kommentar zum Körperschaftsteuergesetz, 4. Auflage, 2022.

Grotherr, Siegfried Kritische Bestandsaufnahme der steuersystematischen und betriebswirtschaftlichen Unzulänglichkeiten des gegenwärtigen Organschaftskonzepts, StuW 1995, S. 124 – 138.

Gründig, Marko / Schmid, Christian Die Änderung des § 14 Abs. 1 Satz 1 Nr. 5 KStG und deren Auswirkung auf grenzüberschreitende Unternehmensstrukturen, DStR 2013, S. 617 -623.

Günther, Karl-Heinz Körperschaftsteuerrechtliche Anerkennung der Organschaft, EStB 2023, S. 143 – 144.

Hageböke, Jens Körperschaftsteuerliche Organschaft unter Beteiligung von KapGes. & atypisch Still-Strukturen, DB 2015, S. 1993 – 1994.

Hasbach, Alexander Ausgleichszahlungen an außenstehende Gesellschafter: Anmerkungen zu § 14 Abs. 2 KStG nF, DStR 2019, S. 81 – 88.

Herkens, Jens Die form- und zeitgerechte Durchführung des Gewinnabführungsvertrags bei der Organschaft. Wie und bis wann müssen die Vertragspflichten erfüllt werden, Ubg 2023, S. 148 – 155.

Herrmann, Carl / Heuer, Gerhard / Raupach, Arndt (Begr.) Kommentar zum Einkommen- und Körperschaftsteuergesetz, 316. Ergänzungslieferung, 2023.

Herzig, Norbert Verluste im Körperschaftsteuerrecht, DStJG 28 (2005), S. 185 – 204.

Hey, Johanna Die EuGH-Entscheidung in der Rechtssache Marks & Spencer und die Zukunft der deutschen Organschaft, GmbHR 2006, GmbHR 2006, S. 113 – 123.

Hey, Johanna et al. Einführung einer modernen Gruppenbesteuerung: Ein Reformvorschlag, IFSt-Schriften 2011, Nr. 471.

Hoffmann, Thomas / Theusinger, Ingo Stillhalteabkommen und Novation als zulässige Instrumente, NZG 2014, S. 1170 – 1174.

Hölzer, Volkmar-Alexander Stille Beteiligung an Kapitalgesellschaft schädlich für deren Eignung als Organgesellschaft, FR 2015, S. 1065 – 1069.

Institut der Wirtschaftsprüfer in Deutschland e.V. IDW RS HFA 6: Änderung von Jahres- und Konzernabschlüssen, FN-IDW 5/2007, S. 265 ff.

Ismer, Roland Einschlägige neuere Entwicklungen bei der ertragsteuerlichen Organschaft, GmbHR 2011, S. 968 – 976.

Jesse, Lenhard Neuregelungen zur ertragsteuerlichen Organschaft (Teil II), FR 2013, S. 681 – 691.

Jurkat, Werner Die Organschaft m Körperschaftsteuerrecht, 1975.

Kahlert, Günther Beendigung der ertragsteuerlichen Organschaft mit dem vorläufigen Insolvenzverfahren, DStR 2014, S. 73 – 77.

Kahlert, Günther Körperschaftsteuerrechtliche Organschaft im Fall der Insolvenz, EWiR 2023, S. 211 – 212.

Keller, Annette Neuerungen bei der Organschaft durch das Gesetz zur Änderung und Vereinfachung der Unternehmensbesteuerung und des steuerlichen Reisekostenrechts, DStZ 2013, S. 60 – 64.

Kirchner, Hildebert Abkürzungsverzeichnis der Rechtssprache, 10. Auflage, 2021

Klarmann, Stefanie Körperschaftsteuerliche Organschaft - Entstehung, Inhalt und Problematik der bestehenden deutschen Regelungen, IFSt-Schriften 2006, Nr. 440.

Klein, Franz (Begr.) Kommentar zur Abgabenordnung, 16. Auflage, 2022.

Kleindiek, Detlef Entstehung und Fälligkeit des Verlustausgleichsanspruchs im Vertragskonzern, ZGR 2001, S. 479 – 496.

Knobbe, Carl-Christian Der Grundsatz der subjektiven Richtigkeit im Handels- und Steuerbilanzrecht, in: Bonner Schriften zum Steuer-, Finanz- und Unternehmensrecht, 2009.

Koch, Jens Beck´scher Kurzkommentar zum Aktiengesetz, 17. Auflage, 2023.

Koenig, Ulrich (Hrsg.) Kommentar zur Abgabenordnung, 4. Auflage, 2021.

Korn, Christian Kleine Organschaftsreform durch das Gesetz zur Vereinfachung und Änderung der Unternehmensbesteuerung und des steuerlichen Reisekostenrechts, SteuK 2013, S. 111 – 115.

Kraft, Cornelia / Hohage, Uwe Wesentlichkeit eines fehlerhaften Bilanzansatzes im Kontext der Durchführungsfiktion des Gewinnabführungsvertrags nach § 14 Abs. 1 Satz 1 Nr. 3 KStG, Ubg 2020, S. 581 – 588.

Krebs, Hans-Joachim Die ertragsteuerliche Organschaft, BB 2001, S. 2029 – 2036.

Krebühl, Hans-Herbert Konzernbesteuerung & Umstrukturierungen: Reformbedarf aus Sicht der Wirtschaft, StbJb 2001/2002, S. 21 – 51.

Kreidl, Christine / Riehl, Christian Tatsächliche Durchführung des Gewinnabführungsvertrags - Gibt es eine Möglichkeit, die

	'vergessene' Verlustausgleichsverpflichtung nach § 301 AktG zu heilen, BB 2006, S. 1880 – 1884.
Krieger, Gerd	Verlustausgleich und Jahresabschluss, NZG 2005, S. 787 – 791.
Lademann, Fritz (Begr.)	Kommentar zum Körperschaftsteuergesetz, 82. Ergänzungslieferung, 2022.
Lauer, Phillipp	Keine körperschaftsteuerliche Organschaft bei fehlendem Bilanzausweis des bestehenden Anspruchs auf Verlustübernahme, GWR 2019, S. 454.
Lenz, Martin / Adrian, Gerrit / Handwerker, Eva	Geplante Neuregelung der ertragsteuerlichen Organschaft, BB 2012, S. 2851 – 2859.
Lippross, Otto-Gerd / Seibel, Wolfgang (Hrsg.)	Basiskommentar Steuerrecht, 140. Ergänzungslieferung, 2023.
Loritz, Karl-Georg	Zur Notwendigkeit laufender Buchungen der Forderungen und Verbindlichkeiten in den Jahresabschlüssen für Anerkennung eines Ergebnisabführungsvertrags, EWiR 2022, S. 519 – 521.
Lüdicke, Jochen / Sistermann, Christian (Hrsg.)	Unternehmensbesteuerung, 2. Auflage, 2018.
Mayer, Stefan / Wiese, Götz	Zur Verlustübernahme nach der "kleinen Organschaftsreform" - Vertragsformulierungen im Lichte der Übergangsvorschrift, DStR 2013, S. 629 – 633.
Melan, Nevada / Karrenbrock, Tobias	Die Durchführung des Gewinnabführungsvertrags als Ernstlichkeits- und Veranlassungsprüfung und die Folgen für die Gestaltungspraxis, FR 2009, S. 757 – 761.

Micker, Lars / Pohl, Carsten (Hrsg.) Beck-Onlinekommentar zum Körperschaftsteuergesetz, 18. Edition, 2023.

Neumayer, Jochen / Imschweiler, Christoph Aktuelle Rechtsfragen zur Gestaltung und Durchführung von Gewinnabführungsverträgen, GmbHR 2011, S. 57 - 65.

Neyer, Wolfgang / Schlepper, Lisa Zivilrechtliches Verbot der Aufrechnung gegen einen Verlustausgleichsanspruch - Gefahr für die Anerkennung einer ertragsteuerlichen Organschaft, BB 2007, S. 413 – 419.

Oesterwinter, Petra Aktuelle Entwicklungen im Rahmen der Reform der ertragsteuerlichen Organschaft - Punktuelle Problemlösungen anstelle der Einführung einer Gruppenbesteuerung, DStZ 2012, 867 – 870.

Olbig, Klaus Nun doch: Die (kleine) Reform des Organschaftsrechts, GmbH-StB 2013, S. 154 – 158.

Olbig, Klaus Checkliste unschädlicher und schädlicher Faktoren, GmbH-StB 2011, S. 281 – 283.

Onusseit, Dietmar / Oppermann, Stefan Der BFH bestätigt die strengen Voraussetzungen der ertragsteuerlichen Organschaft, DZWIR 2023, S. 503 – 510.

Painter, Thomas Das Gesetz zur Änderung und Vereinfachung der Unternehmensbesteuerung und des steuerlichen Reisekostenrechts im Überblick, DStR 2013, S. 217 – 224.

Petersen, Karl Heilung von Bilanzierungsfehlern im Rahmen der Organschaft, WPg 2018, S. 659 – 667,

Philippi, Ulrich / Fickert, Matthias Organschaft bei Gewinnabführungsverträgen: Ist aus gesellschaftsrechtlicher Sicht eine Verzinsung des Gewinnabführungsanspruchs erforderlich, BB 2006, S. 1806 – 1811.

Pieske-Kontny, Detlef	Zur tatsächlichen Durchführung eines Gewinnabführungsvertrags, DStRK 2023, S. 88.
Priester, Hans-Joachim	Verlustausgleich nach § 302 AktG - zwingend in Geld? (§ 302 AktG), BB 2005, S. 2483 – 2487.
Prinz, Ulrich	Ertragsteuerliche Organschaft – Bestandsaufnahme, Systematik, Problembereiche, FR 2018, S. 916 – 925.
Prinz, Ulrich	Umgang mit „fehlerhafter Steuerbilanzierung“ in der Praxis - Bestandsaufnahme und Einzelfragen, FR 2022, S. 101 – 106.
Prinz, Ulrich	Abschied vom subjektiven Fehlerbegriff für steuerbilanzielle Rechtsfragen - Anmerkungen zum BFH-Beschluss vom 31.01.2013, WPg 2013, S. 650 – 656.
Prinz, Ulrich / Witt, Sven-Christian (Hrsg.)	Steuerliche Organschaft, 2. Auflage, 2019.
Prokopf, Kai Heinrich	Die Verzinsung von Verlustausgleichs- und Gewinnabführungsansprüchen im Hinblick auf die steuerliche Anerkennung von Organschaftsverhältnissen, DB 2007, S. 900 – 904.
Rödder, Thomas	Die kleine Organschaftsreform, Ubg 2012, S. 717 – 723.
Rödder, Thomas / Herlinghaus, Andreas / Neumann, Ralf (Hrsg.)	Kommentar zum Körperschaftsteuergesetz, 2. Auflage, 2023.
Rose, Klaus	Zur gegenwärtigen Entwicklung der Besteuerung von Kapitalgesellschaften, StbJb. 1967/68, S. 211 – 260.

Säcker, Franz-Jürgen et al. (Hrsg.) München Kommentar zum Bürgerlichen Gesetzbuch, Band 2, 9. Auflage 2022.

Scheifele, Matthias / Marx, Marius Die zeitlichen Anforderungen an den Gewinnabführungsvertrag und seine Durchführung, DStR 2014, S. 1793 – 1803.

Scheipers, Thomas / Linn, Alexander Zur Unionsrechtswidrigkeit des § 14 Abs. 1 Nr. 5 KStG n.F., IStR 2013, S. 139 – 143.

Schell, Matthias / Schrade, Jörg Wiedereinlagevereinbarungen und tatsächliche Durchführung von Gewinnabführungsverträgen iSd § 14 Abs. 1 S. 1 Nr. 3 S. 1 KStG, DStR 2017, S. 86 – 90.

Schimmele, Jürgen Körperschaftsteuerrechtliche Organschaft im Fall der Insolvenz, GmbH-StB 2023, S. 95 – 96.

Schmich, Rolf Rechtliche und steuerliche Fragen bei der mezzaninen Finanzierung einer Organgesellschaft, GmbHR 2008, S. 464 – 473.

Schmidt, Lutz / Werner, Lutz Enno Parallele Zulässigkeit von steuerlicher Organschaft und atypisch stiller Beteiligung, GmbHR 2010, S. 29 – 32.

Schmittmann, Jens Körperschaftsteuerrechtliche Organschaft im Fall der Insolvenz, NZI 2023, 282 – 287.

Schneider, Nobert / Schmitz, Stefan Ausschluss der Verlustberücksichtigung bei Organschaft, GmbHR 2013, S. 281 – 289.

Schneider, Norbert / Hinz, Wiebke Verunglückte Organschaft - Ursachen und Heilungsmöglichkeiten, Ubg 2009, S. 738 – 749.

Schneider, Norbert / Müller, Christian Die tatsächliche Durchführung von Gewinnabführungsverträgen ohne Geldzahlung. Zugleich Anm. zu FG Köln v. 21.6.2022 – 10 K 1406/18, DStR 2023, S. 537 – 542.

Schneider, Norbert / Sommer, Ulrike	Organschaftsreform „light", GmbHR 2013, S. 22 – 31.
Schulze zur Wiesche, Dieter	Die ertragsteuerliche Organschaft unter Berücksichtigung des Gesetzes zur Vereinfachung der Unternehmensbesteuerung und der steuerlichen Reisekosten sowie der aktuellen Rechtsprechung, DStZ 2013, S. 621 – 630.
Schumann, Jan	Bilanzberichtigung und -änderung nach § 4 Abs. 2 EStG Voraussetzungen und Durchführung von Bilanzänderungen, EStB 2022, S. 182 – 190.
Schwenke, Michael	Grenzüberschreitende Organschaft – Anmerkungen zu den Neuregelungen im Gesetz zur Änderung und Vereinfachung der Unternehmensbesteuerung und des steuerlichen Reisekostenrechts, ISR 2013, S. 41 – 46.
Solowjeff, Julian	Körperschaftsteuerrechtliche Organschaft im Fall der Insolvenz, FR 2023, S. 360 – 366.
Spindler, Gerald / Klöhn, Lars	Verlustausgleichspflicht und Jahresfehlbetrag (§ 302 AktG), NZG 2005, S. 584 – 586.
Stangl, Ingo / Aichberger, Thomas	Unterjährige Verschmelzung einer Organgesellschaft - Auswirkungen auf das Organschaftsverhältnis zum übertragenden Rechtsträger, Ubg 2013, S. 685 – 691.
Streck, Michael (Begr.)	Kommentar zu Körperschaftsteuergesetz, 10. Auflage, 2022.
Suchanek, Markus	BGH stützt Organschaften: Aufrechnung gegen den Verlustausgleichsanspruch aus § 302 AktG zulässig, FR 2006, S. 872 – 874.
Suchanek, Markus / Herbst, Christian	Die tatsächliche Durchführung von Gewinnabführungsverträgen im Sinne des § 14 Abs. 1 S. 1 Nr. 3 S. 1 KStG, FR 2005, S. 665 – 676.

Suchanek, Markus / Herbst, Christian	Steht die vereinfachte Kapitalherabsetzung der Abführung des "ganzen Gewinns" gem. § 14 I S. 1, § 17 S. 1 KStG entgegen, GmbHR 2009, S. 966 – 975.
Sunchanek, Markus	Körperschaftsteuerliche Organschaft und atypisch stille Gesellschaft, GmbHR 2015, S. 1031 – 1034.
Sunchanek, Markus	Körperschaftsteuerliche Organschaft und atypisch stille Gesellschaft: Kommentar zu FG Mecklenburg-Vorpommern vom 05.09.2018 - 1 K 396/14, DK 2019, S. 356 – 357.
Tappen, Falko / Riegel, Martin	Die verunglückte Organschaft (Teil 1), SteuK 2010, S. 309 – 313.
Tappen, Falko / Riegel, Martin	Die verunglückte Organschaft (Teil 2), SteuK 2010, S. 331 – 334.
Thoß, Stefan	Verzinsung des Verlustausgleichs- und Gewinnabführungsanspruchs im Vertragskonzern, DB 2007, S. 206 – 209.
Tielmann, Jörg / Wolf, Christian Ulrich	Die Erfüllung von Verlustausgleichsansprüchen im Vertragskonzern, DStR 2006, S. 1947 – 1951.
Uhländer, Christoph	Fallstricke bei KSt-Organschaft, BB 2023, S. 1185 – 1186.
Verband kommulaner Unternehmen e.V. / Bundesverband der Energie- und Wasserwirtschaft e.V.	Schreiben an das BMF v. 22.05.2018 - Variable Ausgleichszahlungen an außenstehende Gesellschafter – Vorschlag für eine gesetzliche Regelung, abrufbar unter: https://www.vku. de/fileadmin/user_upload/Verbandsseite/Themen/Finanzen_und_Steuern/180522_VKU_BDEW_SN_Ausgleichszahlungen_Vorschlag_Gesetzeswortlaut.pdf?sword_list[]=reiche&no_cache=1 (zuletzt abgerufen 24.10.2023).
Walter, Wolfgang	Keine tatsächliche Durchführung eines Ergebnisabführungsvertrages bei fehlendem

bilanziellem Ausweis des der Organgesellschaft zustehenden Anspruchs auf Verlustübernahme, GmbHR 2019, S. 1202 – 1208.

Werner, Lutz / Schmidt, Lutz — Parallele Zulässigkeit von steuerlicher Organschaft und atypisch stiller Beteiligung, GmbHR 2010, S. 29 – 34.

Wernicke, Thomas / Scheunemann, Marc — Verzinsung des Anspruchs auf Verlustübernahme nach § 302 AktG aus gesellschaftsrechtlicher und steuerrechtlicher Sicht, DStR 2006, S. 1399 – 1401.

Witt, Sven-Christian — Körperschaftsteuerrechtliche Organschaft im Fall der Insolvenz, HFR 2023, S. 593 – 597.

Witt, Sven-Christian / Herkens, Jens / Oppel, Florian — Tatsächliche Durchführung eines Gewinnabführungsvertrags, Ubg 2023, S. 213 – 220.

Zieglmeier, Hannes / Heyd, Steffen — Die ertrag- und umsatzsteuerliche Organschaft, StuB Beilage zu Heft 09/2021.

Umfrage unter den Mitgliedern der IFSt-Arbeitsgruppe v. 2011

Umfrage unter den Mitgliedern der Arbeitsgruppe des Institut Finanzen und Steuern e.V. zum Reformvorschlag „Einführung einer modernen Gruppenbesteuerung" aus dem Juni 2011 (Vgl. Hey et al., IFSt-Schriften Nr. 471 (2011)):

Schriftliche Anfrage v. 23.10.2023: *Vertreten Sie weiterhin die Thesen, die Sie in Ihrem Reformvorschlag aufgestellt haben?*

	Ja	*Nein*	*Keine Antwort*
Prof. Dr. Johanna Hey Lehrstuhl für Steuerrecht Universität zu Köln	X		
Dr. Wolfgang Haas DLA Piper			X
Prof. Dr. Norbert Herzig Flick Gocke Schaumburg			X
Prof. Dr. Heribert Hirte Lehrstuhl für Rechtswissenschaft Universität Hamburg, MdB	X		
Prof. Dr. Wolfgang Kessler Lehrstuhl für betriebsw. Steuerlehre Universität Freiburg	X		
Dr. Michael Kröner Deutsche Bank AG			X
Peter Rennings Bundesministerium der Finanzen			X
Prof. Dr. Thomas Rödder Flick Gocke Schaumburg	X		

Schriften zum Steuerrecht

Johann Schomaker
Die Verdoppelung der Mitunternehmerstellung in Nießbrauchsfällen
Bd. 14, 2023, 252 S., 39,90 €, br., ISBN 978-3-643-15482-8

Stefanie Michaelis
Europa- und verfassungsrechtliche Vorgaben für die umsatzsteuerliche Behandlung von Leistungen der öffentlichen Hand
Unter punktueller Überprüfung der nationalen Regelungen des Umsatzsteuergesetzes
Bd. 13, 2023, 522 S., 49,90 €, br., ISBN 978-3-643-15221-3

Benedikt Jasper
Die Besteuerung nichtverhältniswahrender Spaltungen von Kapitalgesellschaften
Ertragsteuerliche Fragestellungen im Rahmen des §15 UmwStG unter besonderer Berücksichtigung der Besteuerung der Anteilseigner des übertragenden Rechtsträgers
Bd. 12, 2023, 342 S., 49,90 €, br., ISBN 978-3-643-14980-0

Saphira Jüdes
Systematik des neuen Investmentsteuerrechts und Folgerichtigkeit in der Umsetzung
Bd. 11, 2021, 322 S., 39,90 €, br., ISBN 978-3-643-14911-4

Martin Swoboda
Die Auseinandersetzung der Personengesellschaft im Zivil- und Steuerrecht
Bd. 10, 2020, 212 S., 34,90 €, br., ISBN 978-3-643-14836-0

Haakon Michling
Rückstellungen für öffentlich-rechtliche Verpflichtungen in der Steuerbilanz
Bd. 9, 2020, 280 S., 44,90 €, br., ISBN 978-3-643-14695-3

Kolja van Lück
Steuerrecht und Digital Economy
Lösungsansätze sachgerechter Besteuerung multinationaler Unternehmen der digitalisierten Wirtschaft
Bd. 8, 2018, 674 S., 69,90 €, br., ISBN 978-3-643-14214-6

Sebastian Adam
Die Besteuerung ausländischer Familienstiftungen unter besonderer Beachtung des §15 AStG
Ein Besteuerungsvergleich am Beispiel der liechtensteinischen Stiftung
Bd. 7, 2018, 453 S., 59,90 €, br., ISBN 978-3-643-14118-7

Bonner Schriften zum Steuer-, Finanz- und Unternehmensrecht

hrsg. von Prof. Dr. Rainer Hüttemann, Prof. Dr. Andreas Herlinghaus und Prof. Dr. Stephan Schauhoff

Jana Keller
Die kooperative Hochschule unter besonderer Betrachtung umsatzsteuerlicher Aspekte
Bd. 35, 2022, 316 S., 44,90 €, br., ISBN 978-3-643-15238-1

LIT Verlag Berlin – Münster – Wien – Zürich – London

Auslieferung Deutschland / Österreich / Schweiz: siehe Impressumsseite

Tobias Witscher
Sachliche Versicherungsteuerbarkeit
Bd. 34, 2022, 410 S., 49,90 €, br., ISBN 978-3-643-15017-2

Ruven Erchinger
Die Gleichstellung der mittelbaren mit der unmittelbaren Beteiligung im Ertragsteuerrecht
Bd. 33, 2020, 378 S., 69,90 €, br., ISBN 978-3-643-14816-2

Jan F. J. Lorenzen
Die Geltendmachung von Drittgläubigeransprüchen gegenüber Mitgesellschaftern in der Personengesellschaft
Bd. 32, 2019, 266 S., 24,90 €, br., ISBN 978-3-643-14388-4

Till Gröne
Korrespondierende Besteuerung gemäß §32a KStG
Bd. 31, 2017, 448 S., 69,90 €, br., ISBN 978-3-643-13820-0

Schriften zum Zivilrecht

Lars Kitzmann
Eine Neubewertung der Vorsatzanfechtung am Beispiel der Rechtsprechung zum Gewerbemitverhältnis
Bd. 38, 2023, 436 S., 49,90 €, br., ISBN 978-3-643-15267-1

Christoph Matras
Der kennzeichenrechtliche Schutz des Immobiliennamens
Bd. 37, 2022, 292 S., 49,90 €, br., ISBN 978-3-643-15227-5

Thomas Deeg
Die gesamtschuldnerische Haftung der am Bau Beteiligten
Eine Untersuchung im Lichte der Reform des privaten Baurechts
Bd. 36, 2022, 290 S., 54,90 €, br., ISBN 978-3-643-15136-0

Andreas Schäfer
Der Reputationsschutz der Unternehmung
Eine Analyse der zivilrechtlichen Schutzmöglichkeiten unter Einbeziehung wirtschaftsrechtlicher Aspekte
Bd. 35, 2022, 430 S., 49,90 €, br., ISBN 978-3-643-15101-8

Clemens Meyer
Der Nießbrauch an Anteilen von Personengesellschaften und an GmbH-Geschäftsanteilen
Eine vergleichende Betrachtung im besonderen Hinblick auf Anforderungen an die kautelarjuristische Gestaltungspraxis im Lichte der Verwendung als Instrument der vorweggenommenen Erbfolge
Bd. 34, 2022, 384 S., 59,90 €, br., ISBN 978-3-643-15097-4

Xiaoxiao Tan
Das Rechtsinstitut der verbundenen Verträge im BGB und die Frage seiner Übernahme in China
Bd. 33, 2021, 332 S., 69,90 €, br., ISBN 978-3-643-14993-0

LIT Verlag Berlin – Münster – Wien – Zürich – London
Auslieferung Deutschland / Österreich / Schweiz: siehe Impressumsseite

Philipp Schott
Negative Beschaffenheitsvereinbarungen im Kaufrecht
Bd. 32, 2020, 276 S., 44,90 €, br., ISBN 978-3-643-14570-3

Martin Strauch
Schutz von Schiedsvereinbarung und vereinbarter Vertraulichkeit bei Insolvenzeröffnung
Eine rechtsvergleichende Untersuchung zur Bindungswirkung, zur Insolvenzanfechtung sowie zum Schutz von Vertraulichkeit und Geschäftsgeheimnissen
Bd. 31, 2019, 284 S., 49,90 €, br., ISBN 978-3-643-14277-1

Ralf Lesser
Die Einwilligung des Patienten
Zur rechtsgeschäftlichen Natur der Einwilligung in medizinische Maßnahmen und zur Bedeutung des Patientenrechtegesetzes
Bd. 30, 2017, 510 S., 64,90 €, gb., ISBN-CH 978-3-643-90896-4

Tamara Bachler
Direkte, räumliche und chemische Fixierung von zu Pflegenden in österreichischen Pflegeheimen unter besonderer Berücksichtigung zivilrechtlicher Gegenmaßnahmen
Bd. 29, 2017, 184 S., 29,90 €, br., ISBN 978-3-643-50783-9

Deutsches und internationales Wirtschaftsrecht

hrsg. von Prof. Dr. Dr. h.c. Marian Paschke (Universität Hamburg)

Philine-Luise Pulst
The Copyright Law of the People's Republic of China
Understanding the Development and Functioning of the Chinese Copyright Law and the Ongoing Reform as well as the International Influences from the Early Ages until Now
vol. 62, 2021, 352 pp., 59,90 €, hc., ISBN-CH 978-3-643-91396-8

Lin Li
Die Wesentliche Vertragsverletzung
Vergleichende Betrachtung der Rechtslage nach CISG, CESL, VG und BGB
Bd. 61, 2020, 308 S., 44,90 €, gb., ISBN-CH 978-3-643-91279-4

Bernadette Lorenzen
Schranken für die rechtliche Bewertung innerhalb der schiedsgutachterlichen Tätigkeit
Gewährleistung der Privatautonomie im Spannungsverhältnis zur verfahrensrechtlichen Stellung des Schiedsgutachters
Bd. 60, 2020, 192 S., 44,90 €, gb., ISBN 978-3-643-14306-8

Indira Benten Patury
Die Entwicklung des Rohstoffsektors in Südamerika
Eine Untersuchung unter besonderer Berücksichtigung von Nachhaltigkeitspostulaten
Bd. 59, 2018, 240 S., 44,90 €, gb., ISBN 978-3-643-13884-2

Johannes Lange
Die Neuordnung der energetischen Modernisierung im Recht der Wohnraummiete
Zur Umsetzung klima- und umweltpolitischer Ziele mit den Mitteln des privaten Vertragsrechts
Bd. 58, 2018, 396 S., 49,90 €, gb., ISBN 978-3-643-13634-3

Martina Mittendorf
Compliance Management System als Haftungsbegrenzungsinstrument in der mittelständischen Wirtschaft
Bd. 57, 2017, 320 S., 39,90 €, gb., ISBN 978-3-643-13521-6

Europäisches Wirtschaftsrecht

Stanyo Dinov
Das Herkunftslandprinzip bei grenzüberschreitenden Bankgeschäften und Finanzdienstleistungen im Europäischen Wirtschaftsraum
Aspekte der Dezentralität versus Zentralisierung bei der Bankenaufsicht
Bd. 17, 2018, 488 S., 59,90 €, br., ISBN 978-3-643-13883-5

Irmina Kabus
Nachahmen im Wettbewerb
Eine vergleichende Betrachtung des schweizerischen, polnischen und europäischen Rechts
Bd. 16, 2018, 414 S., 64,90 €, br., ISBN 978-3-643-80256-9

Vasiliki Chochou
Sachkunde und Unabhängigkeit in der Verwaltung der deutschen und griechischen AG
Bd. 15, 2018, 400 S., 69,90 €, br., ISBN 978-3-643-13781-4

Jan Philipp Meyer
Online Dispute Resolution
Chancen für den E-Commerce in Europa
Bd. 14, 2018, 352 S., 44,90 €, br., ISBN 978-3-643-13727-2

Walter Andert
Aktionärsmacht und Aktienrecht
Der Aktionär und seine Möglichkeit zur Einflussnahme auf die Unternehmenspolitik
Bd. 13, 2017, 460 S., 54,90 €, br., ISBN 978-3-643-13668-8

Wirtschaftsrecht und Rechtsmethodik

hrsg. von Prof. Dr. Peter Krebs (Universität Siegen)

Jan Marcel Steinbach
Wettbewerbsbeschränkungen durch das Markenrecht
Die Regelsetzung durch das TRIPS-Abkommen im Spiegel der ökonomischen Analyse des Rechts
Bd. 9, 2021, 276 S., 44,90 €, gb., ISBN 978-3-643-14850-6

LIT Verlag Berlin – Münster – Wien – Zürich – London

Auslieferung Deutschland / Österreich / Schweiz: siehe Impressumsseite